백제의 영역 변천

임 영 진

주류성

백제의 영역 변천

저　　　　자 : 임영진
저 작 권 자 : (재) 백제문화개발연구원
발　　　행 : 도서출판 주류성
발　행　인 : 최병식
인　쇄　일 : 2006년 8월 24일
발　행　일 : 2006년 8월 31일
등　록　일 : 1992년 3월 19일 제 21-325호
주　　　소 : 서울특별시 서초구 서초동 1305-5 창람(蒼藍)빌딩

T　E　L : 02-3481-1024(대표전화)
F　A　X : 02-3482-0656
HOMEPAGE : www.juluesung.co.kr
E - M A I L : juluesung@yahoo.co.kr

값 9,000원

잘못된 책은 교환해 드립니다.
ISBN 89-87096-71-8

본 역사문고는 국사편찬위원회를 통한 국고보조금으로 진행되는
3개년 계획 출판사업입니다.

남한산성에서 본 서울 강남지역 일대(1985년 촬영)

▲ 서울 석촌동
1호 토광목관묘
(서울대박물관)

◀ 서울 석촌동
집단토광묘
(서울대박물관)

▶ 서울 석촌동
집단토광묘
출토 토기

▶ 서울 가락동 2호분 출토 흑도

▲ 서울 석촌동 즙석분구묘(서울대박물관)

▶ 서울 석촌동 즙석분구묘
목제 노 출토 상황
(서울대박물관)

▼ 서울 석촌동 2호 위석분구묘(서울대박물관)

▲ 보령 관창리 분구묘의 주구(고려대 매장문화재연구소)

▲ 천안 청당동 유적
(국립중앙박물관)

▲ 나주 용호 분구묘의 주구(호남문화재연구원)

▲ 고창 성남리 분구묘의 주구(원광대 마한백제문화연구소)

▲ 함평 예덕리 만가촌 분구묘(전남대박물관)

▲ 서울 석촌동 2호분(서울대박물관)　　　▲ 서울 석촌동 3호분(서울대박물관)

▲ 제원 양평리 2호분(서울대박물관)

▶ 천안 용원리 9호 석곽묘(공주대박물관)

▶ 서울 석촌동 출토
동진 청자

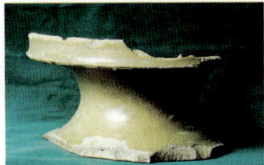

▲ 연천 삼곶리 적석총
(국립문화재연구소)

▼ 화성 마하리 고분군(호암미술관)

▲ 원주 법천리 고분군(국립중앙박물관)

▶ 영산강식 석실 (나주 복암리 3호분)

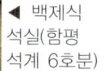
◀ 백제식 석실(함평 석계 6호분)

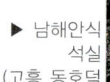
▶ 남해안식 석실 (고흥 동호덕 고분)

▼ 광주 월계동 장고분

백제의 영역 변천

머리말

　지금까지 백제와 관련되어 이루어진 연구 주제와 연구 성과는 다양하
지만 영역의 변천에 대한 연구 성과는 그다지 많지 않다.
　백제의 영역 변천에 대해서는 3세기 중엽경 한과 위의 충돌을 계기로
한강 하류지역에서 연맹왕국으로 발전하기 시작하였고, 4세기 초 한군
현이 축출되면서 주변세력에 대한 통합의 전기를 마련하였으며, 4세기
전반에는 마한의 중심세력을 병합하고 4세기 후엽에는 마한 잔여세력
을 석권함으로써 가장 넓은 판도를 이루었다고 보는 것이 일반적인 견
해이다.
　백제의 지배 영역에 대한 관리는 부체제-담로제-방군성제로 발전하
였으며 정복지역의 관리 방식은 약간의 차이가 있다고 보고 있다. 정복
후 현지에 성곽을 축조하고 중앙에서 관리를 파견하여 관리한 지역이
있는가 하면 현지 토착세력으로 하여금 관리하게 하는 공납지배 지역
도 있었다고 보는 것이다.
　백제 전 영역에 대한 지배방식을 일원화하는 것은 중앙집권적인 귀족

국가가 형성된 이후였다고 보는 것이 일반적이다.

백제 영역의 변천과 관리 문제에 대한 문헌사학계의 연구 성과는 위와같이 요약되지만 세부적으로 살펴보면 적지 않은 논란이 있음을 알수 있다. 연구에 이용되는 기본적인 문헌 사료만 하더라도 우리의 『삼국사기』 백제본기와 중국의 『삼국지』 한조는 뚜렷한 차이를 보여 주고 있다. 『삼국사기』에서는 온조왕 27년에 마한이 멸망한 것으로 기록되어 있지만 삼국지에는 마한이 3세기 말에도 건재하면서 중국에 사신을 보낸 것으로 되어 있고 백제는 마한 54개국 가운데 하나로만 나타나고 있는 것이다.

특히 문제가 되는 것은 중국 『진서』 장화전에 나오는 신미제국 등 20여개 소국들인데 이를 마한 소국 가운데 일부로 보는 일반적인 견해 외에도 마한의 소국과는 다른 세력으로 보는 견해도 있다.

지배 영역에 대한 관리 문제에 있어서도 관리 방식에 따른 구체적인 범위나 지역에 대한 명시가 부족할 뿐만 아니라 관리 방식의 차이에 대한 정확한 규정이 이루어지지 못하고 있는 실정이다.

필자는 1980년대 중반에 집중적으로 이루어진 서울 석촌동 일대의 백제 고분 발굴에 참여한 바 있는데 이 경험을 토대로 백제 한성시대의 고분에 대해 정리해 볼 기회가 있었다.

전남대학교에 부임한 1988년 봄부터는 영산강유역에서 백제에 해당하는 기간 동안 축조되었던 다양한 고분들을 조사하고 연구하면서 백제 중심지역과 비교해 볼 수 있었다.

이러한 연구 과정에서 기존의 통설로는 풀리지 않은 문제점이 많이 있다는 사실을 인식하게 되었고 그동안 몇차례에 걸쳐 나름대로의 소견을 발표해 나온 바 있다. 그 가운데 가장 중요한 점은 고창을 중심으로한 전북 서남부지역에서부터 영산강유역을 중심으로한 전남지역이 백제에 병합된 시기는 4세기 중엽이 아니라 6세기 중엽경의 일로서 백제가 538년 부여로 천도한 사실과 무관하지 않다는 것이었다.

이 새로운 견해가 제기된 이후 많은 비판이 뒤따랐지만 점차 이 견해를 긍정적으로 평가하는 연구자들이 많아지고 있다. 아마도 영산강유역권에서 조사되고 있는 장고분들에 대한 연구가 활발하게 이루어지면서 나타난 변화가 아닌가 생각된다.

영산강유역권에서 조사된 장고분들에 대해서는 수 많은 연구자들이 그 피장자와 축조배경에 대해 서로 다른 의견들을 내고 있지만 5세기 말~6세기 중엽경에 영산강유역권에 장고분들이 집중적으로 축조되었던 것은 당시까지 이 지역이 백제와는 무관한 독자적인 세력권으로 남아있었기 때문이라는데 대해 대부분 일치된 의견을 내고 있다.

이는 기존의 통설과는 크게 다른 것으로서 백제의 영역 확장 과정과 지역별 병합 시기 문제에 대해 기존의 문헌자료를 토대로 한 전통적인 접근 방법과는 구별되는 새로운 방법으로 접근할 필요성을 인식시켜 주었다.

새로운 방법이란 고고학 자료를 토대로 고고학적 견지에서 접근하는 것으로서 그동안 부분적으로 이루어진 바 있다. 그러나 백제의 전 영역에 대해서는 이번에 처음으로 이루어지게 된 만큼 나름대로 의미가 있겠지만 무리가 따른 부분도 없지 않을 것이며 그동안의 조사성과와 연구성과 가운데 누락된 것도 있을 것이다. 모두가 필자의 과문 탓이며 향후 하나하나 보완해 나가도록 하겠다.

 백제사의 이해에 있어 대단히 중요한 영역의 변천 과정에 대해 정리해 볼 수 있는 기회를 마련해 준 재단법인 백제문화개발연구원에 감사드리고, 귀중한 사진 자료와 도면 자료를 활용할 수 있도록 하여 준 여러 기관과 연구자께 감사드린다. 또한 이 책자의 편집과 교정을 위해 많은 정성을 쏟아준 주류성 편집진의 노고에도 감사드린다.

2006년 2월

임 영 진

차 례

차 례

차 례

백제의 영역변천에 대한 문헌사 분야의 연구성과

이 글은 문헌 자료를 토대로 이루어진 문헌사 분야의 연구 방법과는 달리 고고학 자료를 토대로 고고학적 견지에서 백제의 영역 변천 과정을 파악해 보고자 한 것이다.

그러나 이 분야에 대해 충분한 식견이 갖추어지지 않은 분들을 위해서는 본격적인 고고학적 논의에 앞서 그동안 문헌사 분야에서 논의되었던 내용들을 정리, 소개함으로써 문제의 핵심을 먼저 파악해 볼 수 있도록 하는 것이 필요하다고 생각된다.

1. 건국 초기의 영역 문제

『삼국사기』 온조왕 13년조를 보면 백제의 영역에 대한 내용이 처음으로 나타난다. 백제 영역의 범위는 '북패하, 남웅천, 서대해, 동주양'에 해당한다는 기록이 그것이다. 이 기록에 대해서는 동서남북으로 규정한 구체적인 지역뿐만 아니라 영역이 확정된 시기 문제에 있어서도 논란이 계속되어 왔다.

사방의 범위에 있어 '서대해'가 서해에 해당한다는 견해에 대해 이견을 가진 연구자는 없다. '북패하'는 당시 대방이 봉산과 신천 일대에 위치하였고 진한8국이 임진강 이남에 해당하므로 임진강으로 보는 견해가 설득력이 있다고 생각된다.

'남웅천'은 안성천설과 금강설로 나누어지고 있는데 『삼국사기』백제본기 온조왕조를 보면 백제가 웅천에 책을 설치하였지만 마한 왕의 항의를 받고 이를 허물었다고 하였으므로 마한 왕이 거주하였던 지역보다 북쪽에 해당할 것이다.

당시 마한 왕은 목지국에 있었다고 보는데 목지국의 위치에 대해서는 위례설, 직산설, 공주설, 인천설, 예산설, 광주설 등 다양한 견해가 나와있지만 천안을 중심으로한 직산설이 가장 유력하다. 따라서 웅천은 천안과 서울 사이의 큰 하천에 해당할 것이며 현재의 안성천으로 보는 것이 합리적일 것이다.

'동주양'은 춘천으로 보는 견해가 일반적이다. 그러나 주양을 춘천이 아니라 평강으로 보는 견해도 있다. 백제 초기에는 연천-포천-양주-양평-여주를 경계로 말갈과 대치하고 있었다는 견해가 있고, 원래 춘천은 맥국으로서 4세기 초까지 명맥을 유지하고 있었기 때문에 3세기 대까지 백제의 영역으로 보기는 어렵다는 견해도 있는데 이 두 견해는 주양을 평강으로 보는 견해를 뒷받침해 주고 있다.

이와 같이 논의되는 백제 초기의 영역이 구체적으로 언제의 사정을 반영한 것인지에 대해서는 고이왕대로 보는 견해와 근초고왕대로 보는 견해로 나누어져 있다.

2. 영서말갈 세력의 병합 문제

영서말갈은 춘천과 제원 일대에 집단을 이루고 있었던 것으로 보인다. 당시 마한이 여러 소규모 지형구로 세분되어 다양한 지역성을 띠고 있었던 것과 마찬가지로 영서말갈 세력은 크게 북한강 상류와 남한강 상류지역의 두 지역으로 구분되어 있었던 것이다. 특히 남한강유역의 중원문화는 삼국시대 동안 나름대로 독특한 문화를 이루고 있었음이 지적되어 왔다.

백제본기를 보면 말갈의 백제 공격이 13회, 백제의 말갈 공격이 2회, 군현과 결합된 말갈의 백제 공격이 2회, 주체 불명 세력의 백제 공격이 2회, 말갈에 대비한 백제의 축성 기록이 4회 등 말갈과 관련된 기록이 다수 나타나는데 이 기록들은 3세기 후반에서 4세기 초에 걸친 사실을 소급 기록한 것으로 보는 것이 일반적이다. 기록 내용으로 보아 주로 임진강유역과 경기도 동북부에 해당되므로 북한강 유역에 자리잡은 말갈세력으로서 중국 군현과도 연결되어 있었다고 보는 견해가 타당하다고 생각된다.

이에 비해 남한강유역에 자리잡은 세력은 상대적으로 안정적이었다고 볼 수 있는데 4세기 초 중국 군현이 폐지된 이후부터는 이 세력도 급격히 위축되면서 백제에 병합되었으며 387년 관미성 전투 이후 고구려의 영향을 받게 되었다고 보고 있다.

3. 마한 목지국의 병합 문제

『삼국사기』 백제본기에는 온조왕 26년과 27년에 걸쳐 마한의 국읍을 병합한 내용이 담겨있다. 여기서 언급된 마한은 54개 소국 가운데 가장 강성하였던 목지국이었을 것이며 이 목지국의 위치에 대해서는 여러 견해가 있지만 천안을 중심으로한 충남 북부에 해당한다고 보는 것이 일반적이다.

백제가 목지국을 병합한 시기에 있어서는 우리의 『삼국사기』에 따르면 온조왕 27년으로서 기원 8년에 해당하지만 중국의 『삼국지』에 따르면 마한이 290년경까지 진나라에 사신을 보낸 것으로 되어 있어 서로 다르게 나타나고 있다. 앞에서 온조왕 13년조에 보이는 백제 영역에 대해 살펴보았는데 실제로 어느 시기에 해당하는가에 있어서는 3세기 중엽경의 고이왕대로 보는 견해와 4세기 중엽경의 근초고왕대로 보는 견해로 나누어지고 있다.

이 가운데 근초고왕대로 보는 견해는 근초고왕대에 전남지역의 마지막 마한세력까지 병합하였다는 통설과 비교해 볼 때 너무 늦다고 하겠지만 마한으로의 영역 확장은 중국 군현이 축출된 4세기 초 이후에나 가능하였을 것이라는 견해를 감안해 보면 전혀 상정 불가능한 견해인 것은 아니며 목지국 뿐만 아니라 건마국 등 그 남부 세력도 큰 시차 없이 함께 장악하였을 가능성도 배제할 수 없다는 견해도 있다.

그러나 근초고왕대보다는 고이왕대로 보는 견해가 일반적이라고 하겠는데 이 견해에 있어서도 마한의 중심세력이 3세기 중엽경의 고이왕대에 병합되었다면 마한세력은 백제에 병합된 이후에 본격적으로 중국에 사신을 보내고 있다는 모순이 발생하게 된다. 고이왕대로 보는 견해가 안고 있는 이와 같은 문제 때문에 3세기 후엽까지 중국에 사신을 보낸 주체는 마한이 아니라 이미 마한을 병합한 백제로 보는 것이 타당하다는 견해도 나오게 되었는데 이에 대한 반론도 나름대로 설득력을 가지고 있기 때문에 논란이 계속되고 있는 실정이다.

4. 전남지역 마한 세력의 병합 문제

전남지역에서는 뚜렷한 세력의 존재가 드러나지 않다가 『진서』 장화전에 중국과 접촉한 내용이 나온다. 동이마한신미제국 등 역대로 내부하지 않았던 20여국이 처음으로 사신을 보내왔다는 것이다. 그 시기는 3세기 후엽으로서 당시 마한의 중심세력인 목지국에서 중국에 사신을 보낸 것과는 분명히 구분되어 나오고 있다. 그 세력 가운데 중심국은 신미국으로서 해상 교통이 편리한 해남지역에 위치하면서 대외교류를 주도하였다고 보고 있다.

그러나 이 세력에 관한 기록 역시 3세기 후엽 이후 더 이상 나타나지 않기 때문에 그다지 멀지 않은 시기에 백제에 복속되었다고 보는 것이 일반적인 견해이다. 백제는 마한을 병합해 나가는 발전 과정에서 가장 남쪽에 위치한 전남지역을 가장 늦게 복속하였다고 보지만 목지국 병합 후 오랜 기간이 경과되지는 않았을 것으로 보기도 한다.

그 시기는 『일본서기』 신공기 49년조의 일부 내용을 백제와 직결된 것으로 보고 4세기 중엽 근초고왕대로 보는 견해가 통설로 내려오고 있다. 신미국(침미다례)이 무너지자 스스로 항복한 '비리벽중포미지반고사읍'을 전북 서남부에 있었다고 파악하거나, 백제의 침미다례 장악은 대외교역로를 개설하기 위한 것으로 보는 견해, 4~5세기대 영산강유역 고분의 부장품이 빈약한 것은 백제의 지배 아래에서 공물로 빠져나갔음을 시사한다는 견해 등은 바로 이러한 입장에서 나온 견해들이라고 볼 수 있다.

근래에 들어 5세기대로 보는 견해가 나오고 있는데 이는 『일본서기』 신공기 49년조의 연대를 4세기설보다 1주갑 늦춰보는 것으로서 기본적인 점에 있어서는 4세기설과 크게 다르지 않다.

최근 6세기대를 주장하는 견해가 나온 바 있는데 이 견해는 그동안 이루어진 영산강유역권에 대한 고고학 연구 성과와 상통하는 것이다.

5. 지방 지배방식의 문제

백제의 영역관리 방식은 크게 보아 부체제-담로제-방군성제로 발전하였다고 보는 것이 일반적이다. 그러나 이러한 차이를 계기적 발전으로 보는 견해가 있는가 하면 지역별로 금강이북은 부성촌제, 금강이남은 담로제가 시행되다가 공주 천도 이후 전영역에서 담로제가 실시되었다고 본 견해도 있는 등 아직도 해결되지 않은 문제들이 남아있다.

5부의 범위는, 온조왕 13년조에 언급된 범위를 춘천, 서해, 금강, 예성강으로 보고 사방을 논하는가 하면 3세기대의 남북한강유역과 청주까지로 보는 견해도 있다. 또한 서부는 미추홀의 비류집단, 남부는 안성천 이북의 경기남부지역, 북부는 경기북부지역으로 보기도 한다.

담로제 문제에 있어 그 실시 시기는 건국 초기, 근초고왕 전후, 개로왕 전후, 무령왕대 등 견해가 다양하기 때문에 백제의 영역 관리 방식에 대한 해결의 어려움을 말해주고 있다.

담로제의 실시 과정에 대해서는 마한지역 진출후 지역별로 대두산성(아산지역), 탕정성(온양), 고사부리성(고부) 등 성곽을 축조하고 지배 거점으로 삼는 한편 귀족을 파견함으로써 담로제가 시작된 것으로 보고 있다. 『양서』 백제조에 22담로에 왕의 자제종족을 파견하였다는 내용에 대해 왕족 뿐만 아니라 타성 귀족도 포함되었을 가능성이 있다고 보는 견해가 있으며, 담로제는 거점 지배이므로 지방을 직접 지배한 것은 아닐 것으로 보는 견해도 있다.

담로제의 범위에 대한 문제에 있어서는 대부분의 연구자들이 백제 전역으로 보는 편이지만 초기에는 금강 이남지역에 국한되었다가 한성 함락 이후 전 영역으로 확대되었다고 보거나, 원백제지역에 대해서는 5

부제를 실시하는 한편 마한과 말갈 등 정복지역에 대해서는 공납지배를 하였고 공납지배와 거점지역에 관료를 파견하는 바탕에서 담로제가 시행되었다고 본 견해도 있다.

담로제의 시행으로 백제의 지방지배가 강화되었다고 보지만 여전히 독자적 세력이 존재함을 보여주는 기록들이 있다. 327년 내신좌평 우복이 북한산성에서 반란을 일으키고 478년 병관좌평 해구가 은솔 연신과 함께 대두산성에서 반란을 일으켰다는 기록 등이 그것이다.

이러한 점에서 백제의 영역 확장은 거점을 중심으로 이루어졌다고 보는 견해가 있으며 십제, 백제는 포구 수를 의미한다고 보는 견해와 신금성이나 익산 입점리와 같은 해안 지역을 공략하여 토착세력을 장악한 다음 내륙으로 확대하여 나갔다는 견해도 제기되고 있다.

6. 웅진 천도 직후의 정세 문제

고구려에 패해 한성에서 웅진으로 천도한 백제는 계속해서 왕들이 피살되는 등 정국의 불안이 진행되었다. 이러한 상황 속에서 대가야는 남원과 임실로 진출하였고, 영산강유역권에서도 비슷한 움직임이 일어나면서 일본 구주와 밀접한 관련을 맺은 것으로 추정되고 있다. 구주세력은 5세기 말경 중심세력으로부터 소외되면서 반 대화, 반 백제 세력과 유대를 가지게 되었던 것으로 보기도 한다.

이러한 사정 속에서 안정을 되찾게 된 백제는 보다 적극적으로 영역을 관리하는 것으로 보고 있는데, 동성왕의 무진주 출병을 영산강유역권에 대한 직접지배로 보거나 동성왕 출병기사에 나오는 탐라를 제주가 아닌 해남과 강진으로 보기도 한다. 『일본서기』에서는 제주도 탐라가 백제와 통교한 것은 508년이므로 백제는 498년에 남해안 세력을 장악한 이후 508년에 제주도를 장악한 것으로 추정하기도 한다.

　백제는 513년 남원과 하동으로 추정되는 기문과 대사를 두고 가야와 겨루게 되는데 『일본서기』 계체기에 등장하는 상다리, 하다리, 사타, 모루의 임나4현을 차지하게 된다. 이 지역에 대해서는 낙동강 중상류, 전남, 섬진강일대 등으로 보거나 여수, 순천, 광양, 구례 등으로 보고 있다.

　대가야는 백제의 웅진 천도를 기회로 삼아 백제지역으로 세력을 확대하여 6세기 초에 절정을 이루었지만 6세기에 들어 안정을 되찾은 백제가 전북 동부지역으로 진출함으로써 다시 백제에게 내주게 되었다고 보고 있다.

백제 건국 이전 마한사회의 성립 배경

 마한, 진한, 변한으로 구성되었던 삼한 사회 가운데 진한과 변한은 각각 신라와 가야로 발전한 것으로 보는데 반해 마한은 백제가 성장해 나감에 따라 점차 그 범위가 축소되는 과정을 거치면서 소멸되었다는 것이 정설이다. 따라서 마한과 백제는 어느 한쪽만을 따로 떼어내서 살펴보는 것이 불가능할 정도로 서로 밀접한 관련을 가지고 있으며 특히 백제 건국 초기의 문제는 더욱 그러하다고 할 수 있을 것이다.

 그러나 우리학계에서는 아직도 백제의 건국 시기나 과정에 대한 의견들이 분분하기 때문에 백제 건국 이전의 마한의 사정에 대한 일관된 논의를 위해서는 필연적으로 당시 마한의 영역 문제와 백제의 건국시기 문제에 대한 구체적인 접근이 이루어져야 할 것이다.

 마한은 역사적 실체로서 문헌기록 속에 남아 있지만 구체적인 연구에 있어서는 문헌자료의 부족 때문에 큰 진전을 이루기 어려운 것이 현실이다. 마한에 관한 정보는 문헌기록으로만 남아있는 것이 아니라 물질자료로도 남아 있을 것이므로 이 두가지 자료를 종합적으로 검토해 보면 마한의 실체에 보다 가까이 갈 수 있을 것이다.

그러나 성격이 다른 이 두 분야의 자료를 비교 분석할 경우에는 선행되어야 할 점이 있다. 그것은 역사적 실체인 마한의 공간적인 범위와 시간적인 폭, 기본적인 사회성격 가운데 최소한 두가지 내용은 개략적이나마 밝혀져야 한다는 점이다.

이 문제가 선결되지 않으면 여러 지역에서 여러 시기에 걸쳐 변천해나가는 수 많은 사회에 해당하는 고고학 자료들 가운데 어떤 자료가 마한과 관련된 것인지 알 수가 없다. 바로 이러한 문제점 때문에 당시에는 분명히 인식되었던 독립된 명칭이 있었을 역사적 실체들에 대해 고고학적으로는 송국리문화, 흔암리문화 등의 편의적인 명칭을 부여할 수 밖에 없는 것이다.

마한에 대한 역사학계의 기본적인 논의가 마무리되지는 않았지만 개략적인 윤곽은 잡혀 있다. 따라서 일단 역사학계에서 통설로 인정되는 사건이나 현상을 간추려본 다음 이를 고고학 자료와 비교해 보도록 하겠다.

역사학계에서 인정되는 일반적인 견해는 첫째, 마한의 영역은 중서남부지역에 해당하고, 둘째, 마한의 성립시기는 늦어도 고조선 준왕의 남주(기원전 2세기 초) 이전에 해당하며, 셋째, 마한의 소멸시기는 백제 근초고왕의 남정(4세기 중엽)과 관련된다는 것이다.

역사학계에서 논의되었던 내용을 바탕으로 하면 마한사회는 기원전 2세기 이전의 청동기문화를 배경으로 성립되었다고 할 수 있으므로 청동기 문화의 발전 과정 속에서 마한의 성립과 관련된 단서를 잡아볼 수 있을 것이다.

1. 비파형동검문화

우리나라의 청동기문화는 중국 동북지역 청동기문화와의 관계 속에서 시작되는데 비파형동검은 그 대표적인 유물로서 한국 뿐만 아니라 요동반도를 중심으로 요서의 하가점(夏家店) 유적에서부터 길림·장춘 지역의 서단산(西團山) 유적에 걸친 넓은 지역에서 출토되고 있다.

우리나라에서는 황해도와 평양일대, 충남의 부여 송국리와 암수리, 전남의 순천 우산리·보성 덕치리·여수 적량동과 오림동·고흥 운대

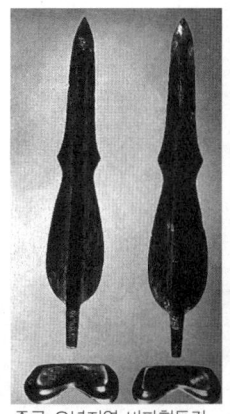

중국 요녕지역 비파형동검
(조선유적유물도감2)

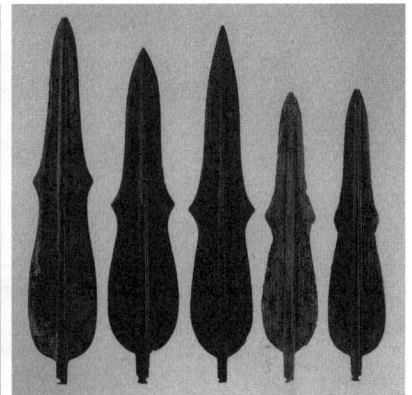

한국 각 지역에서 출토된 비파형동검
(국립중앙박물관, 1992)

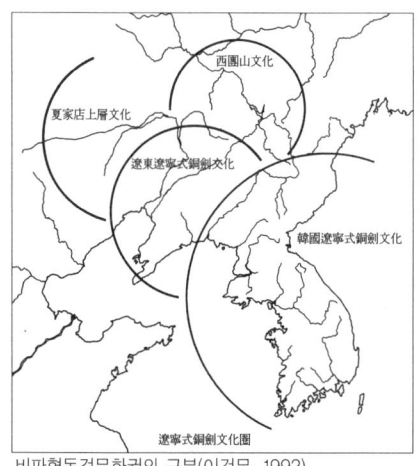

비파형동검문화권의 구분(이건무, 1992)

리, 경남의 창원 진동리 등 주로 중서부와 남부지역에서 출토되고 있어서 비파형동검문화가 육로보다는 해로를 따라 확산되어 갔을 것으로 추정된다.

우리나라에서 비파형동검이 출토된 유구는 모두가 무덤인데 황해도의 신평 선암리와 배천 대아리, 충남의 부여 송국리, 경남의 창원 진동리 유적은 석관묘이고 전남지역은 지석묘로 알려져 있다. 석관묘는 요동지역 비파형동검문화기의 주 묘제로서 대부분 비파형동검을 부장하고 있다.

따라서 비파형동검과 함께 요동지역의 석관묘가 한국으로 들어왔을 것으로 추정되는데 그 시기는 요동지역 비파형동검의 두 번째 유형에 해당하는 기원전 8세기를 전후한 시기로 파악되고 있다.

황해도지역은 일찍부터 각형토기라는 대단히 지역성이

부여 송국리 석관묘(국립중앙박물관, 1992)

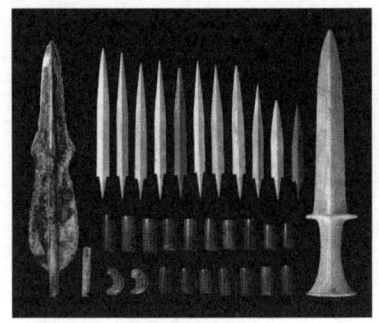

부여 송국리 석관묘 출토 유물
(국립중앙박물관, 1992)

강한 토기문화가 대동강과 재령강을 중심으로 형성되어 있는 곳이며, 부여 송국리일대 역시 청동기시대 전기부터 송국리토기라고 불리는 독특한 토기와 함께 원형주거지로 대표되는 송국리문화를 이룩한 지역이다.

각형토기문화는 한강 하류까지를 영향권 안에 두었으며 송국리문화는 서남해안지역으로 널리 퍼져나가 충청과 전라에 걸쳐 강한 지역문화를 형성하였다. 황해도와 충남일대는 요동반도의 비파형동검문화를 서해안을 통해 빠르게 흡수함으로써 주변 지역과 뚜렷하게 구분되는 독자적인 청동기문화를 형성해나갔다.

전남지역은 비파형동검이 지석묘군에서 나오고 있는데 이는 석관묘가 위주가 되는 다른 지역과 구분되는 현상이다. 그러나 비파형동검을 내고 있는 전남의 지석묘군에는 지석묘로서 당연히 갖추어야 할 지상의 상석은 없고 지하의 석관만이 존재하는 것도 상당수 섞여 있기 때문에 비파형동검이 반드시 지석묘에서 나온다고 말하기는 어렵다. 또한 동검 뿐만 아니라 공반된 석기, 곡옥 등이 부여 송국리의 것과 흡사한 것이어서 부장 유물에 있어서 송국리 유적과의 차이점을 찾아보기 어렵다.

경부에 홈이 파진 비파형동검은 요녕지역에는 없고 한국의 중서부 이남지역에만 있다는 점과 비파형동검 이외의 부장품에서도 송국리유적과의 차이를 보여주지 않는다는 점에서 중서부지역의 비파형동검문화가 서해안을 따라 전남의 남해안지역으로 들어왔을 가능성이 높다고 판단되며 그 시기는 기원전 7~6세기경으로 추정된다.

2. 세형동검문화

기원전 300년경부터 우리나라 중서부지역에서는 비파형동검문화에 이어 세형동검문화가 시작되었다. 대표적인 세형동검은 한국에서 탄생하였을 것이라 하여 한국식동검이라고도 불리었는데 근년에 요동지역에서 비파형동검으로부터 변해 나가는 과정을 알 수 있는 자료들이 나오고 있다.

요녕 윤가촌(尹家村) 12호 적석목관묘, 양갑산(亮甲山) 토광묘, 길림 대청산(大靑山) 토광묘 등지에서 출토된 동검이 비파형동검에서 세형동검으로 변화하는 특징을 보여주고 있는 것이다.

이처럼 세형동검이 비파형동검 분포권 가운데 요하 동쪽지역에서 출토되고 있다는 사실과 한국 내에서는 비파형동검과 계승, 발전적인 관계를 가졌다고 볼 수 있는 적극적인 증거를 찾기가 어렵다는 점으로 미루어 요동지역에서 비파형동검이 세형동검으로 발전하는 과정에서 한국으로 들어와서 본격적으로 발전한 것으로 추정되고 있다.

그 시기는 요동지역에서 가장 빠른 단계의 세형동검이 출토된 윤가촌 12호 적석목관묘의 연대가 기원전 5~4세기로 추정되고 있으므로 기원전 4세기대에 시작하는 것으로 보아도 될 것이다.

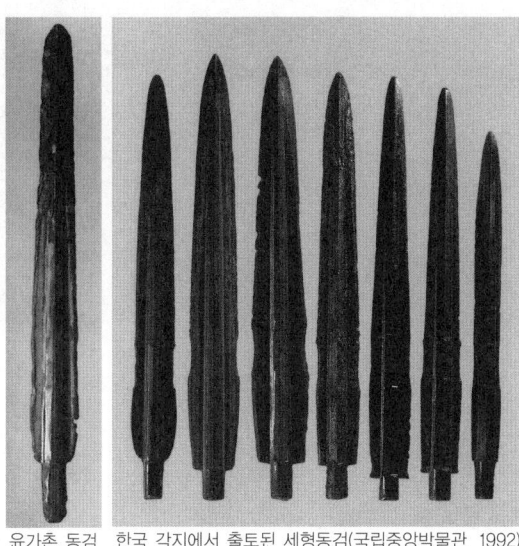

윤가촌 동검   한국 각지에서 출토된 세형동검(국립중앙박물관, 1992)

우리나라에서 세형동검이 사용된 시기는 기원전 4~1세기에 걸쳐 있는데 기원전 2세기 이후부터는 철기와 공반되므로 순수한 세형동검 시기는 그다지 길지 않다.

한반도에서 세형동검이 철기와 한동안 공반되는 현상은 청동기와 철기가 비교적 명확하게 교체되는 중국의 요녕지역과 비교되는 현상인데 이는 단순히 주변지역에서 나타나는 문화지체현상이라고 규정하기 어려우며 뒤에서 자세히 언급되겠지만 새로운 세형동검이 한국에서 갖는 특수한 종교적인 상징성 때문이라고 보는 것이 타당하지 않을까 생각된다.

세형동검문화는 비파형동검문화와 마찬가지로 서해안을 따라 황해, 충남, 전북, 전남을 중심으로 발달하였는데 세형동검문화는 세형동검과 함께 조문경, 방패형동기, 검파형동기 등의 청동제 의기류가 출토되는 세형동검Ⅰ기와 다뉴세문경과 동령, 동모, 동사 등이

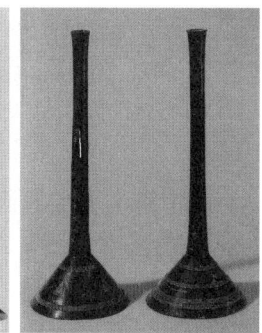

정가와자
나팔형동기

예산 동서리 출토 나팔형동기
(국립중앙박물관, 1992)

출토되는 세형동검Ⅱ기로 나눌 수 있다.

특히 세형동검Ⅰ기에는 대전 괴정동, 예산 동서리, 아산 남성리, 부여 연화리, 익산 다송리, 전주 여의동 등 충남을 중심으로 청동기문화가 꽃을 피웠는데 세형동검과 함께 조문경이 거의 세트를 이루며 출토된다.

그 외의 청동기로 대전 괴정동에서는 방패형·원개형·검파형 동기가, 예산 동서리에서는 원개형·검파형·나팔형 동기가, 아산 남성리에서는 방패형·검파형 동기가 공반되고 있어 비슷한 문화내용을 보여주고 있다.

이 가운데 나팔형동기와 원개형동기는 중국 심양의 정가와자(鄭家窪子) 유적에서도 출토된 바 있는데 이는 양 지역간의 밀접한 관계를 암시해 준다고 할 것이다.

세형동검문화 유적에서 출토되는 토기로는 흑도장경호와 점토대토기

가 특징적이고 그 외에도 여러가지 형태의 손잡
이가 달린 토기도 있는데 요동반도의 세형동검
문화에 해당하는 정가와자, 이도하자(二道河子),
윤가촌, 양갑산 유적 등지에서도 흑도장경호와
함께 우리의 점토대토기와 연관된다고 할 수 있
는 이중구연 심발형토기와 거기에 끝이 뭉툭한
손잡이가 달린 토기들이 출토되고 있
어서 서로 밀접한 관련이 있음을 짐작
하게 해준다.

무덤의 종류에 있어서도 비파형동검
기의 석관묘 대신 요동 윤가촌 12호와
같은 적석목관묘(대전 괴정동, 예산
동서리, 아산 남성리, 전주 여의동)로
변화하거나 석관묘라 하더라고 할석

흑도장경호(상 : 중국 정가와자, 하 : 한국)

식으로 변하고 있어서(부여 연화리, 익산 다송리) 세형동검Ⅰ기 문화가
묘제에 있어서도 요동지방과 밀접한 관계를 가지고 있음을 알 수 있다.

세형동검Ⅱ기는 동령류 중심의 청동의기가 등장하고(예산 덕산리, 전
논산, 화순 대곡리, 함평 초포리), 주조기술이 더욱 발달하면서 정밀한
문양을 가진 동경이 제작된다(부여 구봉리, 전 논산, 화순 대곡리, 함평
초포리).

또한 동모(대전 탄방동, 부여 구봉리, 함평 초포리)와 동과, 동사(화순

대곡리, 부여 구봉리, 함평 초포리, 익산 용제리, 전 공주)도 나온다.

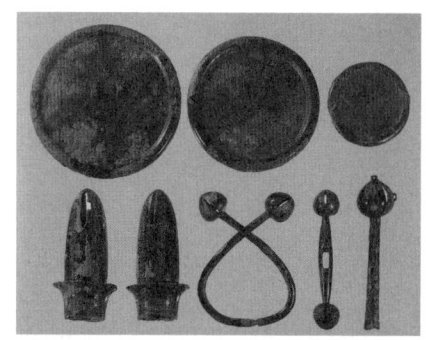

함평 초포리 출토 청동유물(국립중앙박물관, 1992)

이러한 변화는 점진적인 것이라기 보다는 매우 갑작스러운 것이어서 단순한 기술의 발전만으로 해석하기는 어렵고 계통을 달리하는 새로운 문화와의 접촉에서 이루어진 것으로 보는 것이 좋을 것이다.

특히 원형동기, 간두령, 정문경 등에 채택되고 있는 일광문은 태양을 상징하는 것으로서 북방문화 요소이며, 동사는 전국시대 초나라 영역에서 흔히 발견되고 있는 것이다.

한국 각 지역에서 출토된 동사
(국립중앙박물관, 1992)

그러므로 세형동검Ⅱ기 문화는 충청지역을 중심으로 발달한 세형동검Ⅰ기 문화를 기반으로 요녕지역 청동기문화에서 벗어나 시베리아 청동기문화와 중국 청동기문화를 받아들여 Ⅰ기에 비해 더욱 정교한 청동기문화를 더욱 넓은 지역에 걸쳐 발전시킨 시기라고 할 수 있을 것이며 그 시기는 기원전 3세기 중엽경으로 본다.

이 시기에 해당하는 청동기 반출 유적은 충

남과 전남지역에 집중되어 이 일대에는 상당한 세력을 지닌 집단이 존재하고 있었음을 시사해 준다. 특히 전남의 화순 대곡리와 함평 초포리 유적에서는 동검과 함께 정교하게 제작된 정문경과 동령류 등 많은 청동기들이 출토되는데 이러한 유물들이 출토되는 유구는 세형동검 I 기의 주 묘제라고 할 수 있는 적석목관묘이고 비파형동검기의 지석묘에서는 이와 같은 청동기를 찾아보기 어렵다.

이러한 사실은 지석묘가 주류를 이루는 전남지역에서 세형동검 II 기부터 적석목관묘를 쓰는 세력이 새로이 대두되고 있음을 말해 준다고 할 수 있을 것이다.

3. 초기철기문화

초기철기문화는 세형동검, 동모, 동과 등과 함께 철기가 사용된 시기인데 점차 철기 사용이 보편화되면서 청동기는 의기로 변한다. 초기철기문화는 기존의 청동기문화 위에 서북쪽으로부터 철기가 유입되는 초기철기 I 기와 철기문화가 전국으로 파급되는 초기철기 II 기로 나누어 볼 수 있다.

초기철기 I 기는 기존의 세형동검문화에 철기가 유입되는 단계인데 요동지역과 청천강 이북에서는 중국 전국시대, 특히 연나라 철기문화의 파급으로 주조철부와 철끌이 사용되는 세죽리-연화보유형 문화가 기원전 3세기 초에 시작되고 있으므로 기원전 200년을 전후한 시기부

터 시작하는 것으로 인식
되고 있다.

이 시기의 유적에서는 세
형동검Ⅱ기에 흔히 나오던
동령류는 거의 사라졌지만
동검, 동모, 동과, 동경 등
의 청동기들은 지속되면서

부여 합송리 출토 일괄유물(국립중앙박물관, 1992)

새로이 전국계 주조철부와 철끌이 부가되거나(황해도 배천 석산리, 봉
산 송산리, 충남 부여 합송리, 당진 소소리, 전북 장수 남양리) 철단검
이 공반되어(평남 강서 태성리) 새로운 철기문화가 시작되었음을 알려
주고 있다.

특히 주조철부와 철끌이 출토된 유적을 중심으로 하여 중국에서 출토
된 것과 성분이 비슷한 납-바리움 계통의 푸른색 유리관옥이 출토되어
(당진 소소리, 부여 합송리, 공주 봉안리) 철기가 유리관옥과 함께 중국
으로부터 유입되었음을 암시해
준다.

묘제에 있어서는 세형동검기
와 같은 적석목관묘가 계속되면
서 서북한지역에는 새로이 토광
목관묘가 사용되기 시작한다.

충청일대의 적석목관묘에는

부여 합송리 출토 유리관옥과 주조철부

함평 초포리 적석목관묘(국립광주박물관)

여전히 흑도장경호가 부장되고 있어서 (부여 합송리, 당진 소소리) 아직은 세형동검문화가 우세한 단계, 즉 세형동검문화에 일부 철기가 도입되는 단계라고 할 수 있다.

그러나 서북한지역의 토광목관묘에는 화분형토기와 타날문이 시문된 단경호가 세트를 이루고 부장되고 있어서 새로운 철기문화가 본격적으로 시작되고 있음을 알 수 있다.

이 새로운 문화 요소들은 윤가촌 상층, 연화보, 정가와자 등 요동 철기문화 유적에서 찾아볼 수 있는 것으로서 청동기시대 이후 양 지역간의 밀접한 관련성을 반영하고 있다.

요동지역 토광묘 주변에서는 화분형토기와 승석문이 시문된 회색토기가 합구식옹관묘로 사용된 예도 보이는데(윤가촌 상층, 정가와자 3호분) 이는 서북한지역의 토광묘 주변에서 합구식옹관묘가 나오는 현상과 동일하다고 할 수 있을 것이다.

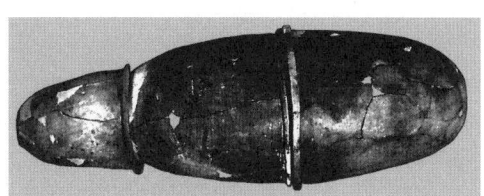

남경 출토 합구식 옹관(조선유적유물도감2)

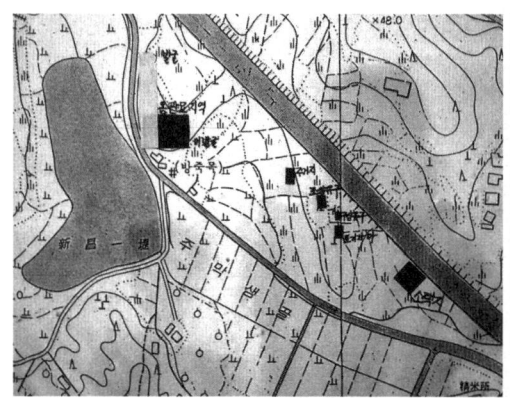 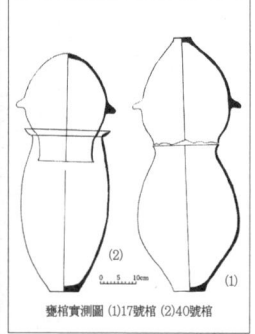

甕棺實測圖 (1)17號棺 (2)40號棺

광주 신창동 유적과 출토 옹관

초기철기Ⅱ기는 서북지역에서 철기문화가 발전하면서 충청과 전라, 경상 등 남한 전역으로 확산되는 시기로서 기원전 2세기 초부터라고 할 수 있다.

광주 신창동 유적에서는 점토대토기와 철기가 공반되는 이형유구와 집단을 이룬 옹관묘가 조사되었는데 황해도 명사리에서 조사된 초기철기시대 옹관묘와 상통하는 것이다.

백제 건국 이전 마한사회의 성립과 발전

1. 마한 사회의 성립

문헌 자료를 통해 추정되고 있는 마한의 영역에 있어 청동기시대부터 이루어진 고고학적 변화는 몇가지 단계로 구분된다. 비파형동검기 이후 세형동검기에는 서북부, 중서부, 서남부, 동북부, 동남부 등 몇 개의 중심지가 부각된다. 특히 세형동검 Ⅱ기에는 기존의 요녕지역 청동기 전통과는 다른 새로운 문화가 가미된 정교한 청동기문화가 아산만지역과 영산강유역에서 번창하게 된다.

이 새로운 문화는 시베리아 청동기문화 요소와 중국 청동기문화 요소가 가미된 것으로서 샤마니즘적인 요소가 특히 강하다. 청동기의 종류뿐만 아니라 문양에 있어서도 사슴, 손, 십자일광문, 수렵문 등의 문양 내용으로 보아 이러한 청동기가 부장된 무덤의 주인공은 농경, 수렵 및 샤마니즘과 관련된 종교주재자인 동시에 정치적인 수장으로서 제정을 함께 관장하였던 것으로 보인다.

이와 같은 변화들이 일어
나는 구체적인 시기에 대
해서는 연구자에 따라 약
간씩의 차이가 있을 수 있
지만 비파형동검기가 시작
되는 시기는 기원전 8세기
를 전후한 시기로 보는 것
이 일반적이고 세형동검 I

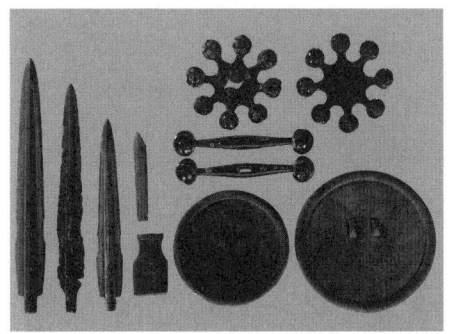

화순 대곡리 출토 일괄 유물(국립중앙박물관, 1992)

기의 시작은 기원전 4세기 후반으로 파악되며 세형동검 II 기의 시작은
기원전 3세기 중엽경에 해당한다.

그 후 중국에서 전국계 철기가 들어옴으로써 대동강유역에서부터 새
로이 초기철기문화가 시작되는데 그 역사적 배경으로 위만조선의 성립
을 드는데 대해 이견이 없는 것 같다.

그러나 충청, 전라 지역에서는 여전히 기존의 청동기문화가 기반을
이루는 반면 경상도 지역에서는 점차 철기문화가 청동기문화를 대체한
다. 경상도지역의 철기문화는 거여구를 비롯한 여러가지 면에서 기원
전 108년에 멸망한 위만조선 후기의 혼란을 피하여 내려온 고조선계 유
민에 의해 본격적으로 발전해 나간 것으로 인식되는데 남천세력은 철
기제작에 대해 상당한 기술을 가졌거나 기술자집단을 대동하였던 것으
로 판단되고 남천 당시 확고한 청동기문화가 자리잡고 있던 충청과 전
라 지역을 피해 경상도지역으로 들어갔을 가능성이 높다.

세형동검문화권의 구분(조진선, 2005)

위만이 피해간 이 청동기문화 세력이 마한이었을 것이라는 점에 대해
서는 많은 설명이 필요 없을 것이지만 마한이 언제 시작된 것인가 하는

문제에 대해서는 약간의 논의가 필요할 것 같다. 서남부지역은 청동기시대로 접어들면서부터 원형평면의 주거지를 특징으로 한 독특한 지역문화를 형성하였는데 세형동검기 이후까지도 그와 같은 주거 전통이 강하게 계승되고 있다.

이와 같은 변화는 물론 기존의 비파형동검문화를 기반으로 한 것이겠지만 그 변화가 단순한 양적인 발전이 아니라 질적인 변혁에 해당한다는 점에서 새로운 문화 단계로 설정할 수 있다. 즉 기존의 중국 요녕지역 청동기문화와의 관계에서 벗어나서 동령류로 특징지어지는 시베리아의 청동기문화와, 동사를 통해 알 수 있는 중국 중남부지역의 청동기문화를 수용하여 I기에 비해 더욱 정교한 청동기문화를 더욱 넓은 지역에 걸쳐 발전시킨 것이라고 할 수 있을 것이다.

이와 같은 대내외적인 활발한 활동으로 말미암아 그 존재가 주변지역에 널리 인식될 수 있었을 것이며 그 주체는 바로 문헌 기록에 나오는 마한으로 보아야 할 것이라고 생각된다. 그러한 변혁이 이루어지는 구체적인 시기는 기원전 3세기 중엽으로 파악된다.

한편 부여 합송리, 당진 소소리, 장수 남양리 등지에는 황해도 지역과 같이 전국계 주조철부와 철끌이 기원전 200년을 전후한 시기에 들어오고 있으므로 고조선 준왕과의 관련성을 검토해 보아도 좋을 것이다. 그러나 그것이 어떠한 세력과 관련된 것이라 하더라도 철기를 공반한 이 문화가 기존의 세형동검문화 속에서 크게 확산되지 못하였다는 점은 그 세력의 한계를 말해준다고 해야 할 것이다.

2. 마한 사회의 범위와 성격

일반적으로 마한의 권역은 경기, 충청, 전라 지역으로 알려져 있지만 보다 구체적인 접근이 요구된다. 먼저 마한의 북계에 있어 한강유역을 중심으로한 경기 북부지역은 비파형동검기에는 청동기를 찾아보기가 어려우며 토기상에서도 충청일대와 적지 않은 차이를 보이고 있다. 세형동검문화 단계에서도 청동기문화는 번성하지 못하였고 이후 철기문화의 수용도 제대로 이루어지지 못하고 있다.

이와 같은 상황을 고려해 보면 한강유역을 중심으로한 경기 북부지역은 세형동검Ⅱ기와 초기철기시대에 걸쳐 서북한의 위만조선과 그 뒤를 이은 낙랑, 그리고 서남한의 마한 사이에서 발전의 기회를 상실하고 낙후된 지역으로 남아있었다고 할 수 있을 것이다.

그러나 한강 이남의 경기 남부지역은 세형동검기부터 토기상에 있어서 충청지역과 점차 상통하는 점이 많아지기 때문에 한강 이남은 마한의 영역권에 있었다고 보아야 할 것이다. 한강본류 이북지역은 적석총을 쓰는 백제 건국세력이 임진강유역으로 내려오기 전까지 다른 두드러진 세력의 존재가 드러나지 않기 때문에 마한의 세력 범위에 해당한다고 보아도 무방할 것이다.

마한의 동계 문제에 있어서는 현재까지의 자료만으로는 마한 성립 당시의 정황을 파악하기는 어렵지만 그 이후의 상황을 통해 유추해 보도록 하겠다. 양이부호를 마한의 대표적인 토기로 인식하고 있는 견해에 따르면 양이부호는 낙랑을 통하여 충남 서부지방에 수용되었던 중국 토기로서 4세기경에는 그 지역에서 자취를 감추고 영산강유역과 보성 강유역이 중심권이 되었을 뿐 강원도 영서지역에서는 출토되지 않고 있으며, 마한의 토기로 인식되는 조족문토기 역시 영서지역에서는 출토되지 않고 있기 때문에 마한의 범위가 남한강을 넘을 수는 없을 것이며 남한강과 금강을 가르는 한남금북정맥이 동계에 해당되는 것으로 추정하고 있다.

마한의 남계 문제에 있어서는 영산강유역을 중심으로한 전남지역까지로 보는 견해가 일반적이지만 금강수계를 중심으로한 주구토광묘를 마한의 주묘제로 보고 서남부지역의 옹관묘세력은 신미국을 중심으로한 별도의 세력으로 보는 견해도 있다.

마한 초기의 제사장(국립전주박물관)

이 견해는 당시 한반도 남부지역에 마한, 진한, 변한으로 구성된 삼한 이외에 또 다른 세력이 더 있었다는 것인데 전남지역에는 대형 옹관묘를 축조하는 세력이 늦게까지 남아있었음이 분명하지만 크게 보아 이 세력은 청동기시대 이래 마한의 중심권이라 할 수 있는 충청지역의 변화와 궤를 같이 하면서 지역적인 특징과 시대적인 차이를 보여주고 있을 뿐 마한과

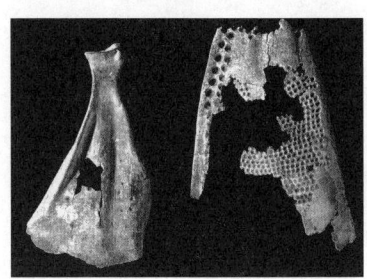

해남 군곡리패총과 군산 남천패총 출토 복골
(국립중앙박물관, 1998)

구별되는 세력으로 보기는 어렵다.

마한 사회의 성격 문제에 있어서는 마한의 시작으로 본 세형동검Ⅱ기부터 샤마니즘 요소가 두드러진 청동의기가 집중적으로 출토되는 점에서 새로운 사회로 변모한다고 생각되는데 다량의 청동의기가 출토되는 무덤이 존재하면서도 이에 비견되는 비종교적인 권위를 상징하는 유물이나 유구가 별도로 조사되지 않고 있다는 점에서 당시 사회는 제정일치 사회 단계에 해당한다고 보아도 될 것이다. 바로 이러한 점들이 마한을 그 이전의 청동기문화 단계와 구분짓는 큰 차이점이라고 할 수 있을 것이다.

마한의 사회 성격은 1~3세기대에 다른 형태로 발전한다. 남해안 일대의 패총에서는 경질무문토기와 함께 상당수의 복골이 출토되고 있는데 복골 자체는 아무나 만들 수 있는 것이지만 복골을 이용하여 점을 치는 과정과 점괘를 읽는 작업은 아무나 할 수 있는 것이 아니다. 고대사회에서 점을 치는 행위는 지배집단에 의해 이루어지면서 그들의 통치행위가 신의 뜻에 따르는 것임을 부각시킴으로써 피지배세력의 반발을 방지하고 지배력을 공고하게 하려는 의도에서 수행되는 특수한 의식으로서 무력에 의해 뒷받침되는 절대권력이 확립되는 고대국가 이전의 신권정치 단계에 나타나는 현상이라고 할 수 있다.

3. 마한 사회의 발전

기원전 3세기대에 성립하였던 마한 사회는 백제가 건국된 뒤부터 병합되기 시작함으로써 점차 해체되어 나갔다. 백제의 마한 병합은 일시적인 것이 아니라 점진적인 것이라는데 대해 모든 연구자들이 일치된 견해를 보여주고 있지만 백제의 건국 시기에 대한 견해는 매우 다양해서 기원전 1세기경부터 기원후 3세기 중엽경까지 의견이 분분하다.

그러므로 여기서는 1~3세기를 포괄해서 마한권역에서 이루어진 변화를 살펴보도록 하겠는데 마한에 해당하는 경기, 충청, 전라 지역이 지역에 따라 시기적으로나 문화적으로 서로 다른 면모를 보여주고 있으므로 한강유역권, 아산만권, 금강유역권, 영산강유역권으로 구분하여 살펴보도록 하겠다.

1) 한강유역권

한강유역권에서는 청동기시대 이후 두드러진 세력의 존재가 확인되지 않고 있는데 이는 한강유역을 중심으로 한 경기도지역이 북으로는 낙랑으로 대표되는 한군현세력, 동으로는 중도문화로 불리는 말갈세력, 남으로는 마한세력 사이에서 완충지대로 방치되어 있었던데 기인하는 것이라고 보는 것이 일반적이다.

그 후 서울 강남일원에 토광목관묘를 쓰는 집단이 자리잡게 되는데 지금까지의 자료로 보면 2세기 후반경에 해당한다고 할 수 있다.

대표적인 예로는 석촌동 3호분 동쪽고분군내의 하층에서 조사된 집단토광묘와 1·2호 토광목관묘를 들 수 있는데 집단토광묘는 비교적 깊은 토광에 판재를 이용한 목관을 다수 안치한 이례적인 것이

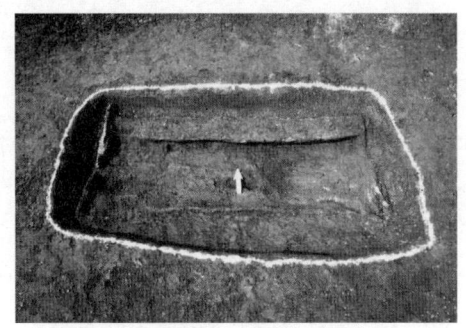

서울 석촌동 1호 토광목관묘(서울대학교박물관)

지만 토기, 칠기 등의 부장품으로 미루어 서북한의 토광묘 세력과 관련된 것으로 보인다. 이들은 한군현의 통제력이 약해진 상황에서 공백지대로 남아있었던 한강유역으로 진출한 것이라고 판단된다.

그 후 3세기에 들면서 매장주체부가 지상에 있고 다장이면서 기존의 토광묘에서는 찾아보기 어려운 대규모의 뚜렷한 분구에 즙석이 가미된 전혀 다른 새로운 묘제인 즙석분구묘가 등장한다.

가락동 1·2호분으로 대표되는 이 새로운 묘제에 대해 즙석이라는 요소에 치중하여 고구려 적석총의 영향으로 보는 견해가 일반적이었지만 3세기전엽~중엽경 토착세력에 대한 낙랑의 통제력이 약해지면서 확산되었다는 견해가 있다. 또한 그와 같은 배경에서 유입된 것으로 이해하되 시기적으로 3세기 후반~4세기전엽경으로 보는 견해도 있다.

낙랑지역으로부터 확산되었다는 견해는 한강유역에서 적석총이 축조되기 시작한 시기를 4세기로 설정함으로써 그보다 이른 시기에 조성된

서울 석촌동 집단토광묘(서울대학교박물관)

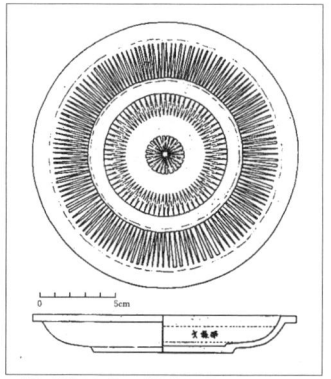

서울 석촌동 출토 칠기 복원도

즙석분구묘가 고구려 적석총의 영향을 받을 수 없었을 것이라는 점에서 나온 대안이다.

그러나 즙석분구묘가 가지고 있는 다양한 요소들은 낙랑권역의 기존 묘제에서는 찾아볼 수 없다. 한강유역의 즙석분구묘는 지상매장, 다장 등을 특징으로 하는 점에서 대전 두정동 분구묘나 영산강유역권의 분구묘와 통하는 만큼 광의의 마한권에서 찾아볼 수 있는 묘제라고 할 수 있을 것이다.

한강유역 즙석분구묘에서는 어깨에 문양대를 두른 흑색마연토기가 출토되어 많은 관심을 끈 바 있는데 이 흑도에 대해서는 고구려토기나 낙랑토기의 영향설과 칠기 모방설이 나와 있다.

고구려토기나 낙랑토기의 영향설은 흑색토기의 표면이 흑색에 가깝다는 점만을 피상적으로 고려한 것으로서 백제 초기 흑색토기와는 기종이나, 문양, 제작기법 등에서 본질적으로 다르기 때문에 성립하기 어렵다고 본다.

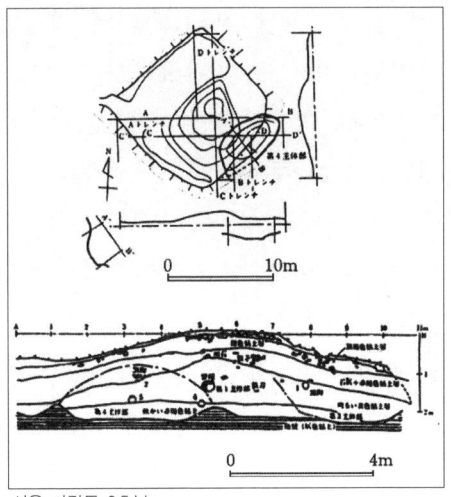

서울 가락동 2호분

칠기 모방설은 고구려나 낙랑토기의 영향설을 인정하기 어렵다는 점에서 나온 대안이지만 백제 초기의 흑색토기는 일반토기에 흑색을 입힌 것이 아니라 벽심 깊은 곳까지 흑색을 띠게 만든 것으로서 소성 과정에서 탄착토록한 것인 만큼 다른 토기들과는 제작기법에 있어 본질적인 차이를 보여주고 있다.

흑색토기와 즙석분구묘는 서로 밀접한 관련을 가지고 함께 등장하는 것인 만큼 양자는 함께 검토되어야 할 것이며 필자는 이 새로운 요소들이 중국 양자강 유역의 토돈묘와 관련되어 있을 것으로 본 바 있다.

가락동 1·2호분을 대표로 하는 즙석분구묘가 중국 양자강유역의 토돈묘와 관련된 것이라는 점은 이미 오래 전에 제시된 바 있다. 그러나 양지역 사이의 공간적, 시간적 격차로 인해 그동안 거의 주목되지 못하였는데 중국 강남지역의 토돈묘는 매장주체시설이 지상에 안치된 점이나 여러개의 매장주체부가 합해지면서 거대한 봉분을 구성하고 있다는 점, 흑도가 반출되고 있다는 점 등에서 상호 관련성을 전적으로 부인하기는 어려우며 시간적인 격차도 좁혀질 가능성이 엿보인다.

서울 가락동 2호분 출토 흑도

최근 마한의 대표적인 기종이라고 할 수 있는 양이부호를 중국 강서지역의 후한대 평저양이부호가 충남 서부지방에 수용되었던 것으로 보는 견해도 제기되고 있는데 직접적인 교류의 결과라기보다는 낙랑을 통한 간접적인 교류에 의한 것이라고 보고 있지만 당시 마한과 중국 강남지역과의 관계에 대해 살펴볼 수 있는 중요한 견해일 것이다.

한편 3세기 중엽경이 되면 석촌동고분군에 새로운 묘제로서 고구려식

서울 석촌동 즙석분구묘(서울대학교박물관)

적석총이 축조되기 시작하며 이와 함께 기존의 즙석분구묘는 사라지기 시작한다. 그러나 4~5세기에 걸쳐 조성되는 위석분구묘가 지상에 매장시설을 가지고 있고 낮은 분구로 덮히는 점에

서 기존 즙석분구묘의 전통을 유지한 것이거나 같은 계통에 속하는 묘제일 가능성이 높다고 생각된다.

이와 같은 변화는 고구려식적석총의 등장과 관련된 것으로서

서울 석촌동 2호 위석분구묘(서울대학교박물관)

당시 마한 외곽지역에서 일어난 역동적인 사회 변화를 짐작하게 하는데 이는 결국 서울 강남지역에서 고구려계 이주민에 의한 본격적인 백제의 출범과 직결되는 것으로서 이에 대해서는 뒤에서 자세히 살펴보도록 하겠다.

2) 아산만권

아산만을 낀 충남북부지역은 세형동검기 이래 청당동으로 대표되는 3세기대까지 마한권의 핵심적인 위치를 고수하면서 발전한 것으로 생각된다. 그러나 이 지역에는 세형동검기 후반에 철기가 수용되었지만 본격적인 철기 문화의 발전은 이루어지지 못하다가 기원 후 2세기 초~중엽경부터 새로운 면모로 바뀌는 것으로 보고 있다.

대표적인 예로 청당동 유적을 들 수 있는데 청당동의 토광묘에는 목관이나 목곽이 안치되어 있고 대부분 눈썹형의 주구가 갖추어져 있다.

토기들은 주로 시신이 안치되는 관이나 곽 밖 한쪽 단벽쪽에 공간을 마련하여 부장하였는데 목곽인 경우 칸막이 시설로 부장 공간을 만든 것도 있다. 관 밖의 한쪽 단벽쪽에 토기를 부장하는 것은 서북한지역 토광목관묘와 유사하며 곽 안에 칸막이로 부장칸을 만드는 것은 서북한지역 토광목곽묘와 통한다.

출토유물에 있어서도 청당동 토광묘에서 출토된 토기들은 회색 타날문 단경호와 적갈색 심발형토기가 세트를 이루고 있는데 회색타날문토기들은 90-1호와 같은 토광목관묘 출토품인 경우 구연이 외반된 편구형들이 출토되다가 93-22호와 같은 토광목곽묘에서는 직구에 가깝지만 끝이 외반된 구연에 동체가 편구형에서 구형으로 변한 토기들이 출토된다. 이와 함께 서북한지역 토광목곽묘 단계(정백동 53호·62호 등)에 나오는 것과 같은 환두대도, 환두도자, 철모, 철극 등의 철기들과 칠기흔 등이 나타나 서북한지역과의 밀접한 관계를 보여 주고 있어 서북한지역의 토광묘 문화가 파급된 것임을 말해주고 있다.

청당동의 초기 토광묘는 토광목관묘가 주류를 이루지만 토기 구성

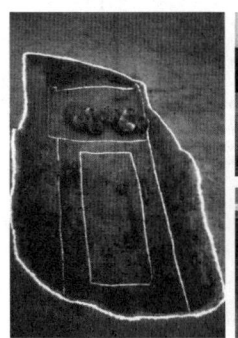

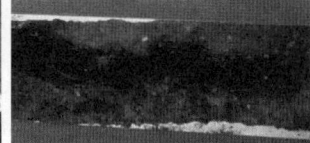

천안 청당동 유적(국립중앙박물관)

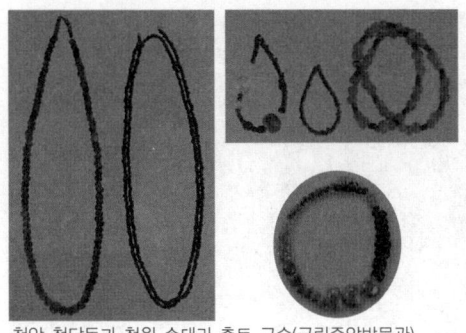

에 있어서는 서북한지역
토광목곽묘의 경우와 별
다른 차이가 없으므로 서
북한지역 토광목곽묘 단
계에 파급되었을 가능성
이 높고 그 시기는 기원 2
세기 초~중엽경에 해당
할 것으로 보는 견해가

천안 청당동과 청원 송대리 출토 구슬(국립중앙박물관)

일반적이다. 이 후 청당동에서는 지속적인 발전과정이 관찰되며 3세기
전반대에 흔히 나타나는 마형대구, 곡봉형대구, 금박구슬과 외래기성
품은 청당동을 대표로 하는 마한세력이 대외교섭권으로 상징되는 정치
적 주도권을 갖는 것으로 평가되고 있다.

그러나 청당동 마지막 단계부터는 서울 석촌동고분군에서 보이는 3세
기 중후반대의 토기류가 나오면서 기존의 전통이 끊어지고 있는 점이
주목되는데 이는 서울에서 출범한 백제의 본격적인 남하와 관련된 것
으로 판단된다.

3) 금강유역권

금강유역권에서는 보령 관창리, 서천 당하리, 익산 영등동과 율촌리
등지에서 분구묘들이 조사되고 있어 마한에 대한 연구에 활기를 불어
넣고 있다. 그동안 천안 청당동, 청주 송절동, 공주 하봉리, 서천 오석

리 등지에서도 토광묘에 부분적으로 주구가 부가된 주구토광묘가 발견된 바 있고 경주 사라리, 울주 다운동, 경산 임당동 등 영남 지역에서도 그와 유사한 것들이 조사되었지

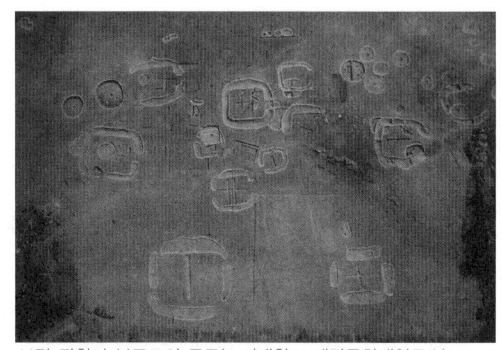
보령 관창리 분구묘의 주구(고려대학교 매장문화재연구소)

만 최근 금강유역권에서 조사되고 있는 분구묘의 범주에 해당한다고 볼 수는 없다.

기존의 토광묘에 보이는 눈썹형 주구는 유적의 입지나 매장부시설, 출토유물 등 여러 가지 점에서 이 새로운 분구묘와는 별개의 것으로 보아야 할 것이며 기존 서북한 계통의 토광목관묘에 새로운 분구묘의 주구 요소가 부가된 것일 가능성이 높다.

구조적으로 독특한 금강유역권의 분구묘는 한강유역권이나 아산만권의 토광묘와는 다른 배경에서 시작되었다고 보는 것이 타당하다. 분구묘의 기원 문제에 대한 최근의 견해에 따르면 분구묘는 미리 석축하거나 성토하여 분구를 조성한 뒤 그 안에 매장시설을 축조하여 시신을 안치한 것이고, 봉토분은 지하의 토광에 매장주체부를 설치한 뒤 그것을 밀봉하기 위해 봉분을 쌓은 것으로서 한국의 분구묘는 청동기시대의 적석분구묘로부터 예맥의 적석총으로 이어지고 특히 전남지방에서는 6

세기대까지 그 전통이 이어지는 것으로 보고 있다. 또한 봉토분은 중원식 매장관념이 낙랑을 통해 영남지역으로 확대되고 한반도 나머지 지역으로도 확산되어 분구묘를 대체하였다고 보고 있다.

 마한지역의 분구묘는 거의 대부분 주구를 갖춘점이 주목되는데 요녕지역 청동기시대의 적석묘의 경우 분구가 적석인 만큼 주구의 굴착은 불필요한 것이겠지만 마한지역에서 성행하였던 분구묘의 분구는 흙으로 이루어져 있고 분명한 주구를 가지고 있다는 점에서 요녕지역 청동기시대의 적석묘와는 계통이 다르다고 보는 것이 합리적일 것이다.

 마한의 분구묘와 흡사한 일본의 방형주구묘에 대해서는 중국 춘추전국시대 진국 영역으로부터의 주민 이주와 관련된 것이라고 보는 견해가 있다. 일본의 방형주구묘는 마한의 분구묘와 마찬가지로 매장주체부가 확인된 예가 많지 않지만 기존의 전통과는 무관한 것으로 인식되면서 외부로부터의 유입을 상정하게 된 것이다.

 마한의 분구묘도 기존의 묘제와는 전혀 다른 새로운 것으로서 서해안을 따라 광범위한 지역에서 동시다발적으로 등장한다는 점에서 볼 때

고창 성남리 분구묘의 주구(원광대학교 마한백제문화연구소)

외부로부터 유입되었을 가능성이 높다고 보는데 그 초출 시기가 분명하지 못하기 때문에 아직 무어라 단정하기는 어렵다.

분구묘의 주구가 분구 조성을 위해 만들어진 것이라고 하면 분구묘의 분구는 그다지 높지는 않았을 것이라고 생각되며 마한권역에서 언제부터 분구가 형성되기 시작하였는지 분명하지는 않지만 바로 이 분구묘 단계부터일 가능성이 높다고 생각된다.

마한권역에서 비교적 이른 시기에 등장했다고 판단되는 청당동이나 송절동 토광묘의 경우 눈썹형 주구가 만들어져 있는데 새로 등장한 분구묘의 영향 아래 만들어졌을 가능성이 있으며 분구 역시 이 단계부터 조성되었을 뿐 그 이전까지는 평묘와 다름없었을 것으로 추정된다.

중국의 경우 『예기(禮記)』 단궁(檀弓)에 보면 '옛날에는 묘에 봉분이 없었다(古也墓而不墳)'는 기록이 있어 공자 이전의 상, 서주시대의 묘에는 봉분이 없었다고 생각되며 실제로 춘추시대에 해당하는 무덤 가운데 분구를 갖춘 고분이 조사된 바 없다. 그러나 요녕 우하량(牛河梁)과 절강 반산(反山) 등지에서 신석기시대의 분구를 갖춘 고분이 조사되고 있어 『예기』의 기록은 당시 중원에 국한될 뿐 주변지역에는 해당하지 않음을 알 수 있다.

분구묘는 낮은 분구 안에 매장시설을 가지고 있었을 것이지만 분구를 성토한 다음 다시 파서 매장시설을 축조하였을 가능성보다는 당시 지표면이나 얕은 토광에 매장주체부를 놓고 주구에서 파낸 흙으로 덮었을 가능성이 높다. 또한 다장도 이루어졌음이 확인되는데 분구 내부 뿐만 아니라 주구 내에 추가장이 이루어진 예도 흔히 보인다. 분구묘의 매장시설은 다양한데 목관과 석관은 주구로 둘러 싸인 중심부에서, 옹관은 주로 주구에서 발견되고 있다.

영광 군동 주구토광묘(목포대학교박물관)

분구묘의 연대는 2~3세기대로 추정되는 것이 대부분이지만 최근 조사된 영광 군동의 흑도장경호 반출 주구토광묘는 기원전까지 소급될 가능성도 있는데 구조적으로 보아 전형적인 분구묘가 아니라 기존의 토광목관묘에 주구가 부가된 것이다. 이는 그 시기에 이미 그 주변에서 분구묘가 유행하였을 가능성을 보여주는 중요한 예가 될 수 있을 것이므로 마한지역 분구묘의 시작 시기 문제는 앞으로 자료의 증가를 기다릴 필요가 있다고 생각된다.

4) 영산강유역권

영산강유역을 중심으로한 전남지역에서는 청동기시대를 중심으로 지석묘가 성행하였지만 기원전후부터는 지석묘의 축조가 중단되면서 이를 대체하는 새로운 묘제가 알려지지 않고 3세기대부터 대형옹관묘가 주류를 이루는 것으로 논의되어 왔다. 최근에는 대형옹관묘에 선행하는 주구를 갖춘 고분들이 계속 조사되고 있어 금강유역권과 마찬가지로 분구묘를 특징으로 하는 동일한 문화권에 속해 있었음을 알 수 있게 되었지만 금강유역권의 방형평면의 분구묘와는 달리 사다리꼴을 띠는 분구묘들이 많은 점에서 금강유역권의 분구묘와는 약간 차이가 있다고 할 수 있다.

나주 용호 분구묘의 주구(호남문화재연구원)

또한 신창동 옹관묘에서 보듯이 기원전까지 올라가는 이른 시기부터 소형옹관묘가 성행하였다는 점이나 나주 대초리나 화순 용강리 등지에서 조사된 위석분구묘 등은 금강유역권과의 차이를 말해주는 예가 될 것이다.

전남지역에서 나타나는 이 시기의 다른 특징으로 패총을 들 수 있다.

함평 예덕리 만가촌 분구묘(전남대학교박물관)

지금까지 이 시기의 패총은 주로 남해안 일대에서 조사되어 왔지만 전북지역에서도 계속 조사되고 있어 그 수는 40개소에 이르고 있다. 이 시기의 패총들은 거

의 대부분 경질무문
토기가 주류를 이루
면서 점토대토기가
나오는 문화층 위에
형성되어 있는데 이
는 점토대토기 단계
가 끝나고 새로운 전
통의 토기제작기술

보성 금평패총(전남대학교박물관)

이 도입되었음을 암시하며 이는 곧 철기문화의 개시와 연결되는 것이
라고 인식되고 있다.

이 시기에 폭발적으로 증가하는 패총의 형성 계기에 대해서는 몇 가
지 견해가 있지만 기원전후경부터 300년 사이에 해당하는 전세계적인
한냉기에 적응하기 위한 것으로 보는 것이 타당하다.

이 문제와 관련해서 우리나라 청동기시대의 세형동검문화는 기존의
비파형동검문화에서 발전한 것이라기보다는 주거지의 평면형태, 점토
대토기, 매장시설 등에서 중국 요서지역의 하가점상층문화와 관련된
것으로 이해되고, 하가점상층문화에서 소형토기, 토제국자, 복골 등 이
지역 패총에서 볼 수 있는 요소들을 찾아볼 수 있어 상호 관련성이 지
적되고 있다.

또한 복골이 점복에 본격적으로 사용되었던 시기를 기원전 2세기에서
기원후 4세기 전반으로 보고 중국 요서지역의 것과 제작 수법과 재료가

유사하기 때문에 복골을 이용한 점복 풍습은 중국 동북지역 철기문화의 확산과 궤를 같이한 것으로 추정한 견해도 있다.

이는 마한의 출범과 관련된 세형동검문화기

해남군곡리 패총 출토 소형토기(국립중앙박물관, 1998)

이후 백제 건국 이전까지 마한지역이 중국 동북지역과 적지 않은 관계를 가지고 있음을 말해주는 것으로 이해될 수 있을 것이다.

특히 기원전후부터 급증하는 남해안일대의 패총에서 출토되는 소형토기를 비롯한 경질무문토기와 복골·철기·유리옥범 등은 한강 상류지역의 중도문화나 동북지역의 초기철기문화에서도 찾아볼 수 있어 서로 연관되어 있다고 판단되는데 모두 한냉기의 어려움이나 사회혼란을 피해 중국 동북지역에서 남하한 세력들과 관련될 가능성을 배제하기 어렵다.

한편 남해안지역에서 조사된 화천, 왕망전, 오수전 등 중국 한대 화폐들은 해로를 통한 낙랑이나 중국 대륙과의 교역을 위한 것으로 파악되고 있는데 천안 청당동유적에서 출토된 외래계 2~3세기 유물들은 마한사회의 복잡한 대외교섭 관계를 대변하고 있다.

적석총을 통해 본 백제의 건국 과정

　백제의 건국에 대한 구체적인 논의에 있어서는 관련 기록이 너무 단편적이어서 아직까지도 다양한 의견이 제시되고 있는 실정이다. 논의의 핵심은 첫째, 백제(百濟)의 실체는 무엇이며, 백제국(伯濟國)과는 연속선상에 있었는가 하는 점이고 둘째, 백제 건국의 주도세력이 한강유역에 진출한 시기는 언제이고 그 이동 경로는 어떠하였는가 하는 점이며 셋째, 『삼국사기』에 묘사된 백제 온조왕대의 강역 획정 및 마한 정복 등의 실제 발생 시기와 고대국가로의 전환이 이루어진 시기가 언제인가 하는 점이라고 할 수 있다.

　온조로 대표되는 백제 건국집단은 고구려에서 남하하였다는 것이 일반적인 견해이고, 이는 서울 강남지역에서 조사된 적석총을 통해 입증된다고 할 수 있다. 그러나 백제 건국집단은 고구려의 건국집단과 마찬가지로 부여 계통이라는 기록이 있고, 이에 대해서도 여러 연구자들이 그 가능성을 인정하고 있다.

　그러나 백제 건국의 핵심지역인 서울 강남지역에서는 부여와 관련된

고고학 자료를 찾아
보기 어렵고 고구려
와 관련된 적석총이
있을 뿐이기 때문에
고고학적으로 보는
한 백제의 건국 세력
이 부여와 직결된다
고 하기는 어렵다.

남한산성에서 본 서울 강남지역 일대(1985년)

 백제 건국세력이 부여족을 표방하는 것은 동명 숭배를 통해 전승된 관념적인 것에 불과하고 적석총을 쓰던 압록강유역의 고구려계 주민이 주인공일 것이라고 본 견해는 이러한 점에서 매우 합리적인 해석이라고 본다.

 이처럼 고고학 자료에 근거하는 한, 백제 건국 세력이 고구려식 적석총을 쓰는 고구려계 유이민이라는 것을 배제한 다른 해석을 불가능하게 하는 만큼 백제 권역에서 조사되고 있는 적석총은 백제의 건국 문제를 해결하는데 있어 가장 중요한 열쇠를 쥐고 있다고 보아야 할 것이다.

1. 중부지역 적석총의 구조와 계통

 ① 임진강권 : 연천 삼곶리 · 학곡리 · 선곡리 · 학운리 · 우정리

② 한강중류권: 서울 석촌동

③ 북한강상류권: 춘천 중도 · 신매리, 양평 문호리, 남양주 금남리

④ 남한강상류권: 제원 양평리 · 도화리 · 교리, 평창 응암리

⑤ 금강권: 공주 송산리

 지금까지 중부지역에서 조사된 적석총의 분포권은 위와 같이 구분해
볼 수 있는데 공주 송산리에서 조사된 적석총에 대해서는 논란이 남아

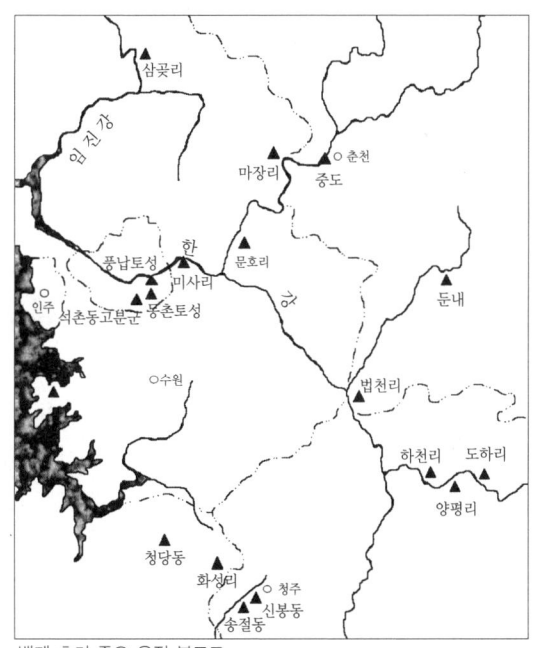

백제 초기 중요 유적 분포도

있다. 이 적석총에
대해서는 한성백제
의 마지막 왕으로서
고구려군에 의해 참
수되었던 개로왕의
허묘로 보는 견해가
대표적이지만 무덤
이 아니라 제단으로

서울 석촌동 3호분(서울대학교박물관)

보아야 한다는 견해도 있다. 이 유구가 아무런 매장시설을 갖추고 있지
않고 단지 삼족토기 1점만을 안치하였다는 점에서 매장시설이 아니라
송산리 고분군과 관련된 제단으로 보아야 한다는 것이다.

그러나 이 유구가 제단이라면 제사와 관련된 사람들이 수시로 제단을
오르내릴 수 있도록 20㎝ 정도의 높이를 가진 계단이 마련되어 있어야
할 것이지만 전체 높이 6.92m의 이 유구는 각각의 높이가 1.3m인 세
개의 단으로만 구성되었을 뿐 어느 곳에서도 계단시설을 찾아보기 어
렵다는 점에서 필자는 무덤으로 보는 견해가 타당하다고 생각하고 있
다. 또한 이 적석총은 송산리 고분군의 가장 높은 지점에 위치하고 그
아래로는 석실분들이 군집되어 있다는 점에서 백제에 있어 적석총은
한성백제 전기간 동안 최고 지배세력의 주묘제로 사용되다가 웅진 천
도 직후 이 적석총이 개로왕의 허묘로 축조되고, 이후부터는 석실분으
로 바뀌는 것으로 보고 있다.

중부지역에서 조사된 적석총들은 구조적으로 다양하기 때문에 그 성격에 대해서도 여러가지 견해와 함께 연구자에 따라 다양한 용어가 사용되고 있다. 특히 한강 상류지역의 적석총에 대해서는 백제적석총지방형, 즙석식적석묘, 즙석묘, 즙석총, 적석묘 등 다양한 용어가 사용되고 있어 혼란이 가중되고 있으므로 종합적인 검토에 앞서 용어의 통일이 필요하다.

중부지역 적석총들은 적석으로 이루어진 지상의 분구 안에 매장주체시설이 들어있는 것이므로 적석분구묘에 해당하는데 그 규모가 크기 때문에 총이라고 부를 수 있고, 다른 유형의 분구묘들과는 분명하게 구분되어 혼란의 여지가 없으므로 이미 관행으로 굳어져 있는 적석총이라는 용어를 따르도록 하겠다.

중부지역 적석총들은 구조적인 차이와 축조세력에 따라 고구려식적석총, 백제식적석총, 말갈식적석총으로 세분된다.

1) 고구려식적석총

고구려식적석총은 분구 내부 기저부에서부터 적석이 이루어진 것으로서 고구려 지역에서 흔히 찾아볼 수 있는 가장 일반적인 적석총이다. 그러나 고구려 적석총의 군집권에서 멀리 떨어진 중서부지역에 분포되어 있다는 점에서 고구려의 적석총과 구분지어 고구려식적석총이라고 칭하겠다.

그 주인공은 백제를 건국한 최고 지배세력에 해당한다는 점에 대해

연구자들의 견해가 일치하는데 구조에 따라 다음과 같이 나누어진다.

① 방형제단 부가 방단 천석 석곽적석총 : 연천 삼곶리 적석총
② 방형제단 부가 계단 할석 석곽적석총 : 서울 석촌동 1호 남분
③ 계단 할석 석곽적석총 : 서울 석촌동 3호분

2) 백제식적석총

백제식적석총은 외부로 노출되는 부분만 적석을 하고 그 내부는 점토를 채움으로써 외형만 고구려 적석총과 흡사할 뿐이며, 매장시설 역시 고구려 적석총과 같은 석곽이나 석실이 아니라 목관(목곽)일 것으로 추정되는 것이다.

백제식적석총의 기원에 대해 백제 건국세력이 사용하였던 고구려 적석총이 현지에서 구하기 힘든 돌을 대신하여 점토를 사용하였을 것이라는 견해도 있지만 후술하듯이 그렇게 단순한 배경에서 파생된 것이 아니며 그 주인공 역시 고구려에서 남하한 고구려계 이주민이 아니라 현지 선주민 유력자

서울 석촌동 2호분(서울대학교박물관)

일 가능성이 매우 높은데 이에 대해서는 뒤에서 다시 언급하기로 하겠다. 백제식적석총은 세부 구조에 따라 다음과 같이 나누어진다.

① 점토충전적석총(할석 계단 내부에 점토를 채운 적석총) : 서울 석촌동 1호 북분, 석촌동 2호분, 송산리적석총
② 분구삭토적석총(기존 분구묘의 분구 자락을 삭토하고 할석 계단을 부가한 적석총) : 서울 석촌동 4호분

3) 말갈식적석총

말갈식적석총은 외부로 노출되는 부분만 적석을 하였다는 점에서 백제식적석총과 동일하다고 하겠지만 그 내부는 점토로 충전된 것이거나 기존의 분구묘인 것이 아니라 자연 사구로 구성되어 있다는 점에서 백제식적석총과는 분명히 다르다. 또한 매장시설이 석곽이고 분구 위쪽에 위치한다는 점에서 고구려 적석총과 동일하다고 하겠지만 분구 내부는 인공적인 적석으로 구성된 것이 아니라 자연적인 사구라는 점에서 고구려 적석총과

제원 양평리 2호분(서울대학교박물관)

도 다르다.

북한강과 남한강 상류지역에서 조사된 적석총은 모두 여기에 해당하는데 그 주인공은 『삼국사기』에 말갈로 표현된 예 세력으로 보는 견해와 예의 본거지라고 할 수 있는 동해안 지역에서는 이런 고분들을 찾아보기 어렵다는 점에서 영서말갈로 보아야 한다는 견해가 있는데 후자가 보다 정확한 견해라 할 것이다.

2. 중부지역 적석총의 연대

1) 고구려식적석총

① 연천 삼곶리 적석총

발굴단에서는 출토유물을 백제계로 보고 2~3세기 백제 적석총의 지방형으로 보는 반면, 즙석식 구조로 파악하고 『삼국사기』에 말갈로 표현된 예계에 속하며 타날문토기로 보아 3세기 전반에 해당한다고 보는 견해도 있다.

그러나 이 적석총은 한강 상류지역에서 조사된 말갈식적석총과는 달리 낮은 구릉 정상부의 기저면에서부터 적석으로 구성되어 있고, 연접묘이며, 제단으로 추정되는 방단이 동분과 서분을 연결하면서 부가되어 있다는 점에서 석촌동 1호분과 통하는 고구려식적석총이라고 본다.

연대에 있어서는 제단으로 추정되는 부석에서 출토된 토기들이 석촌

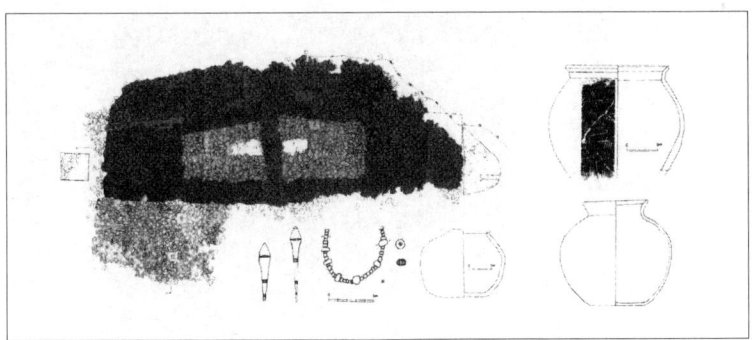

연천 삼곶리 적석총과 출토유물(국립문화재연구소)

동 3호분 동쪽고분군 최하층 출토품들과 상통하는 점에서 2세기 말~3세기 초까지 올라갈 수 있을 것이다.

② 석촌동 1호분 남분

연접묘인 북분의 기단 위에 축조된 87-1호 석곽묘의 연대를 4세기 초로 보고 그보다 반세기 이상 앞선 3세기 중반에 축조된 것으로 보지만, 석촌동 1호분과 같은 왕묘가 파괴되고 그 위에 하위계층의 무덤이 축조된다고 본 것은 상식 밖의 해석이라 하여 87-1호는 무덤으로 볼 수 없기 때문에 석촌동 1호분이 3세기 중엽으로 올라간다는 근거가 될 수 없고, 석촌동 2호분이 4세기 중엽 이후에 해당하면서 서울지역 적석총의 상한연대에 해당한다는 견해도 있다.

그러나 1호분 북분 위에 축조된 87-1호는 출토유물상으로 보아 4세기 초에 해당하는 분명한 유구이다. 이 유구는 당시까지 국내에서 알려진

바 없었기 때문에 적
합한 용어가 없어 석
곽묘로 보고되었지
만 교란되지 않은 성
토면 아래 정연한 부
석면이 형성되어 있
고 그 부석면에서 일

서울 석촌동 1호분 남분(서울대학교박물관)

괄유물이 집중되어

출토된 점에서 무덤으로 보는 것은 당연한 일이다.

특히 이 유구는 층서적으로 다시 그 위에 덮힌 퇴적토에 그와 동일한
구조를 가진 5세기 초에 해당하는 87-3호가 축조되어 있기 때문에 무
덤임이 틀림없다.

그러므로 상식적으로 미루어 무덤으로 보기 어렵다고 하기보다는 오
히려 백제 최고 지배

서울 석촌동 87-1호 위석분구묘 유물 출토 상황

세력의 무덤이었을
석촌동 1호분이 파괴
되고 후대에 제1단
석축에 걸쳐 새로운
무덤이 축조되었던
당시의 사정이 무엇
이었는지 생각해 볼

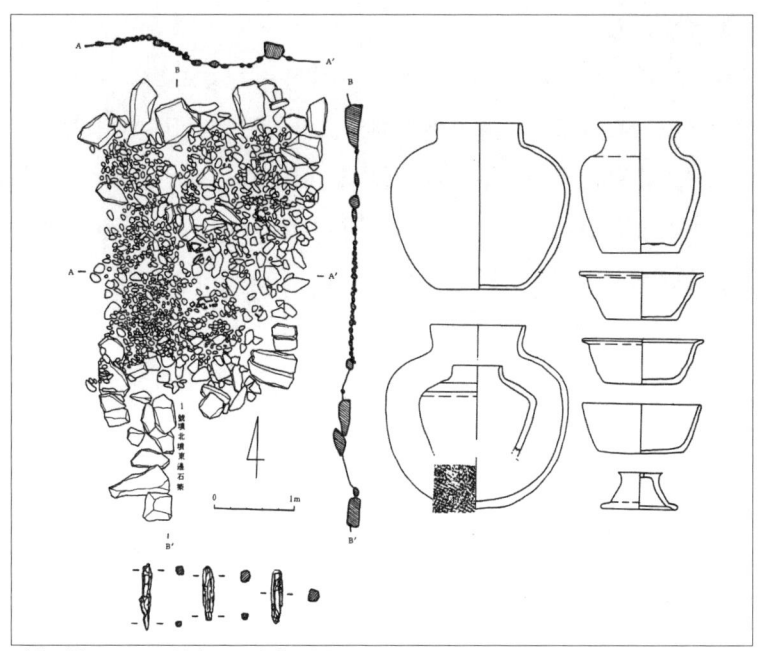

서울 석촌동 87-1호 위석분구묘와 출토유물

필요가 있을 것이다.

이 무덤은 일반적인 석곽묘와는 구조적으로 상당한 차이가 있지만 발굴 당시에는 다른 유형으로 구분하기 어려웠기 때문에 발굴보고서에서는 석곽묘라 칭하였지만 일반적인 석곽묘와는 구분해야 할 묘제이다. 이러한 문제점 때문에 나중에 위석봉토묘라 부른바 있는데 매장시설이 지하가 아닌 지표면 상부의 분구에 있으므로 위석분구묘라 고쳐 부르고자 한다.

③ 석촌동 3호분

한변의 길이가 50m 내외에 달하는 거대한 적석총으로서 그 규모와 주변에서 출토된 동진대 청자의 연대로 보아 4세기 후반에 해당하는 근초고왕의 무덤으로 보는 견해에 대해 이견이 없다.

한편 서울 강남지구에 고구려식적석총이 등장하는 사실에 대해 고구려를 능가하는 패자로서 군림하게 된 4세기 후반대에 고구려와의 경쟁의식 속에서 근초고왕에 의해 도입된 것이라고 본 견해가 있고, 이와 비슷한 맥락에서 4세기대에 고구려와의 뿌리깊은 경쟁의식 속에서 백제의 표상적 스타일로 도입되었다는 견해도 있다.

그러나 앞의 견해는 우선 그 연대에 있어 상술한 석촌동 1호분 북분에 걸쳐있는 87-1호 위석분구묘의 연대가 4세기초를 내려가기 어려우므로 시기적으로 성립하기 어려울 뿐만 아니라 그 배경에 있어 부여계 공동 후예로서 고구려와 경쟁해 나오다가 4세기 후반 근초고왕대에 고구려를 능가하여 부여계의 적통적 지위를 확보하게 되었다는 표방으로서 고구려 왕실 묘제를 채용하였다고 하는 바, 부여계임을 표방하면서도 부여의 묘제를 수용하지 않고 오히려 경쟁 상대인 고구려의 적석총을 수용하였다고 보는 점에서 납득하기 어렵다.

서울 석촌동3호분 출토 동진 청자

뒤의 견해는 변화형이라고 할 수

있는 백제식적석총이 먼저 등장하였고 그보다 늦게 전형적인 고구려식 적석총이 축조되기 시작하였다고 본 점에서 받아들이기 어렵다.

2) 백제식적석총

① 석촌동 1호분 북분

충서적으로 보아 연접묘를 이룬 남분보다 선행하는 것이 분명하며 제1단 석축 위에 걸쳐 있는 87-1호 위석분구묘의 연대가 4세기 초를 내려가기 어려우므

서울 석촌동 1호분 북분(서울대학교박물관)

로 그보다 반세기 가량 앞선 3세기 중엽경으로 본다.

② 석촌동 2호분

중심부는 발굴되지 않고 석축을 포함한 주변부만 조사되었기 때문에 단언하기 어렵지만 서북구에 위치한 목관 출토 직구호와 서남구에서 출토된 무개고배로 보아 3세기 말경으로 추정된다.

서울 석촌동 2호분 목관묘
(서울대학교박물관)

③ 석촌동 4호분

3단 정상부에 횡혈식석실의 윤곽이 있다고 보고 5세기대로 추정하는 것이 일반적이다.

그러나 보고서의 본문과 도면을 잘 살펴보면 제3단 정상부의 점토면에 할석들을 기와처럼 덮고 있다.

횡혈식석실의 벽 윤곽을 구성한다고 보았던 이 할석들은 이 고분의 단을 이루고 있는 다듬어진 석재들과는 달리 정상부를 덮는 다른 석재들과 마찬가지로 다듬어지지 않은 할석에 불과할 뿐만 아니라 정상부 점토면 위에 횡혈식석실 바닥 윤곽만을 표현할만한 특별한 이유가 없다는 점에서 그 가능성은 희박하다고 본다.

연대에 있어서는 제2단의 퇴적토에서 수습된 기와편들이 4세기 후반~5세기 초경에 해당한다고 보는 견해가 있는데 이것이 4호분과 직접

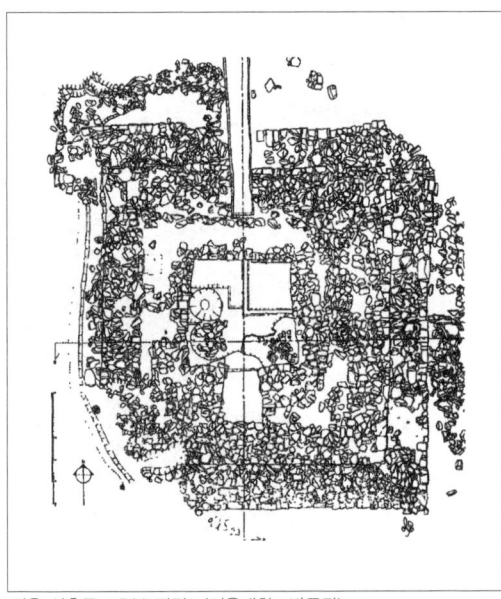

서울 석촌동 4호분 평면도(서울대학교박물관)

관련된 것이라면 타당한 연대라 할 것이다.

④ 송산리적석총

공주 천도후 조영되기 시작한 송산리고분군의 최상부에 위치하며 그
아래쪽에서는 새로운 묘제로서 석실분이 축조되기 시작한다는 점에서
공주 천도 직후인 5세기 후엽에 해당한다고 보는 견해가 정확한 견해일
것이다.

3) 말갈식적석총

① 북한강유역권

가장 대표적인 중도적
석총에 대해 청당동 18
호묘 출토 직구호가 3세
기 이전으로 소급되기 어
렵고 타날문 심발형토기
역시 3세기 전반에 출현
하는 것으로 상정하고 3
세기 전반으로 본 견해가
있다.

그러나 김해식토기로

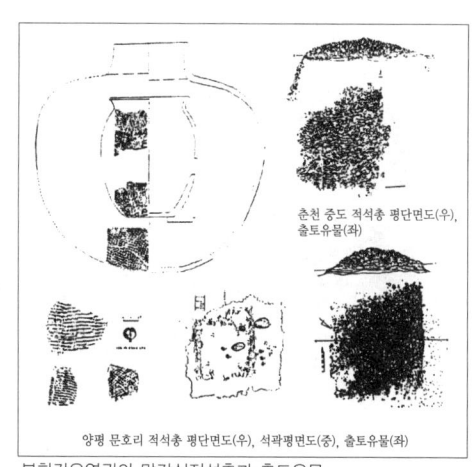

춘천 중도 적석총 평단면도(우),
출토유물(좌)

양평 문호리 적석총 평단면도(우), 석곽평면도(중), 출토유물(좌)

북한강유역권의 말갈식적석총과 출토유물

보고된 단경호는 구연이 좁고 경질이며 무문양이라는 점에서 석촌동 3
호분 동쪽의 4세기 초에 해당하는 즙석분구묘 출토품과 상통하는 것으
로서 서로 평행하는 시기일 것으로 본다.

② 남한강유역권

제천 양평리 적석총에 대해서는 2~3세기, 3세기 초~전반으로 보는
견해가 나와 있고, 제천 도화리 적석총에 대해서는 늦어도 2~3세기로
보거나, 회청색경질타날문호가 삼곶리 출토품보다 발달된 것이라는 점
에서 3세기 중엽경으로 보고 있다.

양평 문호리는 청동방울과 관옥이 제천 양평리 2호분 출토품과 관련되므로 거의 같은 시기로 보고 있다.

그러나 제천 양평리 적석총은 2기 모두 다장묘로서 추가장에 따른 시차가 적지 않기 때

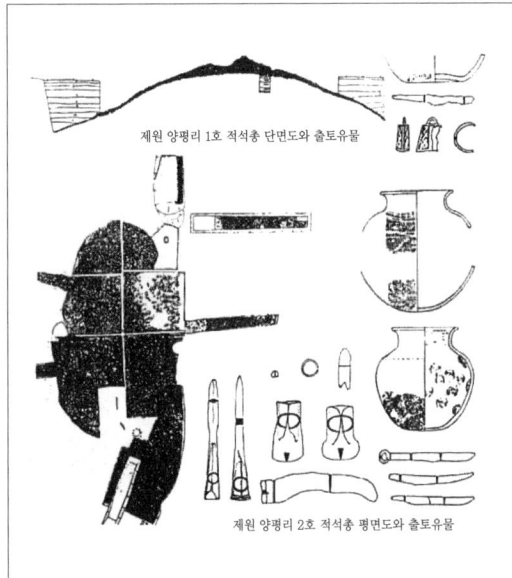

제원 양평리 1호 적석총 단면도와 출토유물

제원 양평리 2호 적석총 평면도와 출토유물

남한강유역권의 말갈식적석총과 출토 유물

문에 개별 고분의 연대를 정하기가 어려운데 2호분 F-5 출토 승석문토기호는 구형이나 편구형이 아니라 어깨가 형성되고 환저외반구연을 가진 점에서 3세기 말을 소급하기 어렵고 4세기 초까지 내려올 가능성이 높다고 본다.

3. 적석총을 통해 본 고구려 이주민의 남하와 정착 과정

1) 고구려 이주민의 본거지역

중부지역의 적석총 가운데 전형적인 고구려 적석총과 직결되는 것은 연천 삼곶리와 서울 석촌동의 고구려식적석총이다. 이 가운데 연천 삼곶리 적석총과 서울 석촌동 1호분은 모두 연접묘이면서 제단으로 쓰였다고 보여지는 부석방단이 부가되어 있다는 점에서 공통되는데 이와 같은 요소들은 고구려의 적석총에서도 흔히 찾아볼 수 있는 것이 아니다. 따라서 고구려 적석총 가운데 연접묘이면서 제단이 부가된 적석총을 찾아내어 중부지역 적석총과 비교해 보는 것은 상호 관련 여부를 파악해 볼 수 있는 꼭 필요한 작업일 것이다.

연천 삼곶리 적석총(국립문화재연구소)

고구려 지역에는 수

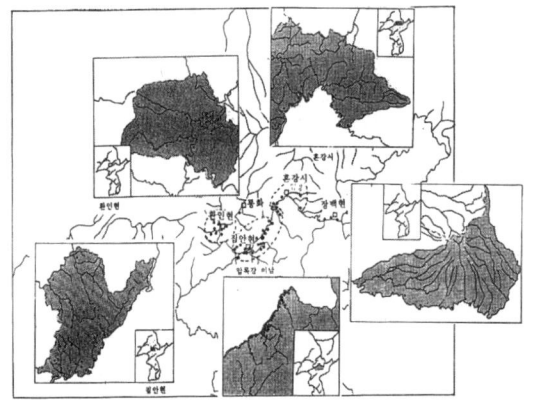

고구려 고분군 분포도(강현숙, 2000)

많은 적석총이 분포되어 있고 연구자에 따라 다양한 구분이 이루어진 바 있는데 연천 삼곶리나 서울 석촌동에서 확인된 바 있는 연접묘는 길림 환인 고력묘자촌(高力墓子村),

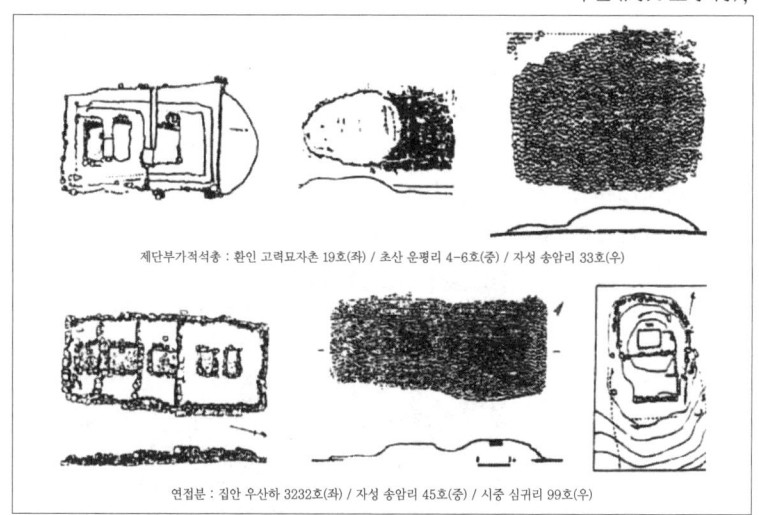

제단부가적석총 : 환인 고력묘자촌 19호(좌) / 초산 운평리 4-6호(중) / 자성 송암리 33호(우)

연접분 : 집안 우산하 3232호(좌) / 자성 송암리 45호(중) / 시중 심귀리 99호(우)

고구려의 제단부가적석총과 연접적석총

집안 우산하(禹山下) 고분군, 자강도 운평리고분군, 송암리고분군에서 나타나고 있다.

또한 제단으로 추정되는 부속시설은 집안의 통구와 환인의 고력묘자촌에 반구형 적석부를 제단으로 부가한 예가 있고, 압록강 이남지역의 초산 운평리고분군, 자성 송암리고분군에 방형적석부가 부가된 예가 있다.

이 가운데 백제의 고구려식적석총에서 관찰되는 연접묘와 방형제단이라는 특징이 공통적으로 나타나는 곳은 압록강 이남지역 뿐이라는 점에서 필자는 압록강 이남지역 적석총 축조집단의 남하를 상정하고자 한다.

2) 고구려 이주민의 남하시기

이들의 남하 시기에 있어서는 20세기 초까지도 석촌동 일대에 89기의 고분이 있었고, 고구려 적석총은 이른 시기의 무기단식에 속할수록 강에 인접해 있다는 사실과, 한강의 잦은 범람 가능성을 고려하면 기원전후경까지 올라갈 가능성을 배제할 수는 없다.

그러나 현재 남아있는 자료만을 가지고 본다면 중부지역 적석총 가운데 가장 빠른 예는 연천 삼곶리 적석총으로서 2세기 후반~3세기 초경으로 추정되는데 그 인근에는 몇 기의 적석총들이 더 분포하고 있으므로 이보다 빠른 예가 섞여 있을 가능성을 배제할 수는 없을 것이다.

그러나 압록강 이남지역의 방형제단은 집안 일대의 반구형제단이 간

략화된 것이라는 견해를 고려해 보면 기원 전후경까지 소급될 가능성은 높지 않을 것이므로 남하시기는 일단 삼곶리를 기준으로 하여 크게 소급되지 않는 2세기 중엽~후엽으로 상정해 두고자 한다.

3) 고구려 이주민의 남하배경

이들은 고구려의 내부 사정에 따라 집단 이주하였을 것으로 추정되는데 집단 이주의 계기는 천도, 왕권교체나 왕권확립, 영역확대 등과 같은 커다란 정치적 변화와 관련되었을 것이다.

『삼국사기』에 따르면 유리왕 22년에 환인에서 집안으로 천도하였다고 하는 바 이에 따른 세력 재편, 특히 집안과 인근 세력의 재편은 피할 수가 없었을 것이며, 연노부(소노부)에서 계루부로 왕권이 교체되었다는 『삼국지』 동이전 고구려조의 기록에서 보듯이 왕권이 바뀌는 판도 변화 과정에서 소외된 세력이 새로운 희망을 찾아 남하하였을 가능성도 높다고 본다.

고고학적으로는 구체적으로 어떤 사정에 해당할지 파악하기 어렵지만 시기적으로는 위에서 검토해 본 바와 같이 집안 천도 이후에 해당하는 것으로 보는 것이 합리적일 것이다.

이 문제에 있어 고구려 5부 가운데 환인지역의 소노부 세력이 주몽에게 밀려 내려와 백제를 건국하였다는 견해가 있다. 그러나 고고학적으로는 중부지역에서 찾아볼 수 있는 석곽을 가진 적석총은 환인현, 집안현, 혼강시, 장백현, 압록강이남 등 5개 권역에 분포하고 있다는 점과 방형제단이나 연접묘 등의 공통된 특징을 고려해 보면 압록강 이남지역에서 석곽적석총을 축조하던 집단이 임진강유역으로 남하하였을 가능성이 높다고 보는 것이 합리적일 것이다.

고구려 5부가 계루부(환인지역), 소노부(서부), 절노부(북부), 순노부(동부), 관노부(남부)로 비정된다면 고고학적으로는 남쪽에 위치했던 관노부 세력이 남하하였을 가능성이 가장 높다고 보아야 할 것이다.

고구려의 석곽적석총 가운데 한변 20m 이상의 대형급은 집안현 일대와 압록강 이남지역에서만 찾아볼 수 있는데 이는 당시 압록강 이남지역에 집안현 일대의 고구려 중심세력에 버금가는 경쟁세력이 존재하였다는 것을 의미한다고 보아도 무방할 것이므로 양대 세력간의 갈등 속에서 밀린 압록강 이남 세력의 일부가 남하하였을 가능성은 충분히 상정해 볼 수 있을 것이다.

2세기 후반에 해당하는 고국천왕대에 각부 명칭이 방위 명칭으로 바뀐 점이나, 3세기 초에 해당하는 산상왕대에 형제상속에서 부자상속으로 전환되면서 중앙집권이 강화된 사실 등도 백제 건국 세력의 남하를 유발한 역사적 사건이 되었을 가능성을 배제할 수 없을 것이다.

4) 고구려 이주민의 남하경로

백제 건국 세력이 남하한 구체적인 경로에 대해서는 중간 지대의 관련 자료가 알려진바 없어 단언하기 어렵지만 함흥과 원산을 거치고 철령을 넘어 중부지역으로 진출하였다는 견해와 고원을 따라 동해안쪽으로 내려와서 추가령구조곡을 통해 임진강유역으로 먼저 들어와 정착하였을 것이라는 견해가 참고가 될 것이다.

『삼국사기』에 따르면 백제는 온조왕 13년에 한산 하에 책을 세우고 위례성의 민호를 옮기게 되는데 이것이 하남위례성 시대의 개막과 관련된 것이라면 그 이전의 소위 하북위례성은 흔히 거론되는 서울 세검정이나 중랑천 일대와 같은 하남위례성의 코앞이 아니라 상당히 북쪽에 위치하는 것이 천도라는 의미로 보아 타당할 것이며 임진강유역은 그러한 점에서도 주목될 수 있을 것이다.

백제 초기기록에 보이는 낙랑과 말갈과의 잦은 충돌기록은 서울지역에 있던 초기 백제국이 임진강유역까지 출병하여 대결하였던 사실을 나타낸 것이라기 보다는 초기 백제국의 활동 중심지가 그 지역이었기 때문이라고 보는 견해는 그러한 점에서 매우 타당하다고 생각된다.

5) 고구려 이주민의 서울지역 정착 과정

서울 석촌동 일대에는 3세기 중엽경부터 적석총들이 축조되기 시작한 반면 이 시기부터 임진강유역에서는 더 이상 적석총들이 계속되지 못하는 것으로 파악되는데 이는 임진강유역에 자리잡았던 고구려계 이주민들이 늦어도 3세기 중엽경에는 서울 한강 이남으로 옮겨왔기 때문일 가능성이 높다고 본다.

고고학적으로는 직접적인 배경에 대해서까지 상론하기 어렵지만 고대사학계에서는 영서말갈과 군현의 연합공격에 밀려 백제 고이왕대에 서울지역으로 남하하였다고 보거나, 고구려계 이주민들이 예성강 이동의 경기북부지역에 있다가 유주자사 관구검이 고구려를 공격하고 낙랑, 대방태수가 고구려에 항복한 옥저와 동예를 치는 틈을 타 대방군의 기리영을 공격한 정시년간의 사건을 계기로 고이왕대 서울 강남지역으로 천도하였다고 보는 견해가 있다. 이 견해들은 구체적인 해석에 있어 서로 다른 면이 없지 않지만 시기적인 면에 있어서는 3세기 중엽경의 백제 고이왕대로 보고 있어 고고학적으로 본 적석총의 변화 시기와도 일치한다.

4. 백제의 건국과 마한사회의 변화

1) 백제식적석총의 주인공

백제 건국 이전 서울 강남지역을 기반으로 성장하고 있었던 선주민들은 고구려에서 이주한 새로운 세력을 맞아 변화하게 된다. 그 변화를 고고학적으로 가장 잘 반영하여 주는 것은 백제식적석총이다. 중부지역의 적석총은 고구려식, 백제식, 말갈식으로 구분되면서 구조적으로나 출토유물상에서 서로 다른 면모를 보여주기 때문에 많은 논란이 있었다.

고구려식적석총은 분구 바닥부터 적석이 이루어진 것으로서 고구려 지역의 적석총과 차이가 없으며 그 주인공은 고구려에서 내려온 지배세력이라고 할 수 있다. 말갈식적석총은 자연 사구를 이용하여 외부로 노출되는 부분만 적석을 하고 적석부 가장 높은 지점에 다장을 한 것으로서 백제 초기 기록에 자주 등장하는 영서말갈 세력이 그 주인공이다.

백제식적석총은 외부만 적석을 하고 그 내부는 목관을 가진 분구묘라는 점에서 고구려 적석총과 크게 다르다. 따라서 앞에서 거론하였듯이 고구려 적석총이 현지에서 구하기 힘든 돌을 대신하여 내부를 점토로 채웠다고는 할 수 없으며 고구려계 이주민의 남하 이전부터 현지에서 거주하였던 선주민 유력자의 무덤이라고 보는 것이 타당하다.

백제식적석총은 세부 구조에 따라 점토충전적석총(할석 계단 내부에 점토를 채운 적석총)과 분구삭토적석총(기존 분구묘의 자락을 삭토하고 할석 계단을 부가한 적석총)으로 구분된다.

석촌동 1호분 북분은 점토충전적석총으로서 고구려식적석총인 남분보다 선행하며 3세기 중엽경에 해당한다. 석촌동 2호분 역시 점토충전적석총으로서 서북구에 위치한 목관 출토 직구호와 서남구에서 출토된

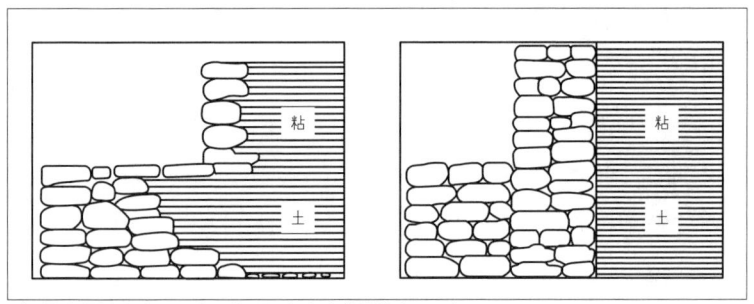

점토충전식(왼쪽)과 분구삭토식(오른쪽)의 차이(임영진, 1995)

무개고배로 보아 3세기 말로 본다. 석촌동 4호분은 분구삭토적석총으로서 제2단의 퇴적토에서 수습된 기와편들의 연대로 보아 4세기 후반~5세기 초경에 해당한다고 할 수 있다.

서울 강남지역에는 늦어도 기원 2세기 후반대에 토광목관묘를 사용하는 새로운 주민들이 한강유역으로 들어왔다고 보는데 이들은 한군현의 통제력이 약화된 시대적인 배경 속에서 내려온 고조선계 주민이었다. 그러나 이들은 서울 강남지역에서 그다지 큰 세력을 형성하지는 못하였고 3세기 초부터 즙석분구묘와 위석분구묘로 대표되는 새로운 주민들에 의해 주도되었다.

임진강유역에 자리잡았던 고구려계 이주민들은 3세기 중엽경에 서울 강남지역으로 남하하여 한강유역의 주도권을 장악하게 되었는데 그 과정에서 즙석분구묘나 위석분구묘를 쓰는 현지 선주민들과 대규모 갈등을 일으킨 흔적은 보이지 않는다.

적석총 세력은 고구려의 발전된 문물과 국가체제를 경험하고 있었던 만큼 자력에 의한 고대국가의 건국이 불가능하지는 않았겠지만 석촌동 1호분 북분을 통해 볼 수 있는 바와 같이 선주민에게서 왕비를 취한 것으로 판단되는 등 기존의 선주민과 연합하여 백제를 건국하였던 것으로 믿어진다.

백제식적석총은 선주 세력자들의 주묘제였던 즙석분구묘가 고구려식 적석총의 영향 아래 내부는 고유전통을 따르되 외부는 고구려식으로 변화한 새로운 묘제로서 위와 같은 시대변화 속에서 선주 세력자가 백제의 지배계층으로 편입된 고고학적 증거라고 생각된다. 백제식적석총의 발생시기는 고구려식적석총인 남분과 백제식적석총인 북분의 연접묘인 서울 석촌동 1

서울 석촌동 1호분 북분(백제식적석총)과 남분(고구려식적석총)
(서울대학교박물관)

호분에서 보듯이 백제 건국의 주도세력이 서울 강남지역으로 진출한 직후인 3세기 중엽경일 것으로 생각된다.

백제식적석총에 대한 위와같은 필자의 견해와는 달리 4세기 후반경에 도입된 고구려식적석총이 현지에서 구하기 힘든 돌을 점토로 대신한 것으로 본 견해와 3세기 중·후반에 즙석분구묘가 축조된 후 먼저 적석총 I 유형(백제식적석총)으로 변하고 4세기대에 다시 적석총 II 유형(고구려식적석총)으로 변했다고 본 견해가 있다.

그러나 앞의 견해는 기존 분구묘의 분구를 삭토하고 3단 석축을 부가한 석촌동 4호분이나 매장 주체가 목관인 석촌동 2호분이 등장하는 배경에 대해 설명하기 어려울 뿐만 아니라 앞에서 논한 바와 같이 석촌동 1호분의 연대가 3세기대에 해당한다는 점에서 성립하기 어렵다.

뒤의 견해는 전형적인 고구려식적석총보다 변화형인 백제식적석총이 선행한다고 본 점에서 이해하기 어렵다. 또한 즙석분구묘, 백제식적석총, 고구려식적석총이 단선적인 변천 과정을 밟는다고 봄으로써 묘제 간의 계통 차이나 신분상의 차이를 인정하지 않는다는 점도 수용하기 어렵다.

2) 백제 건국 세력의 이중성

서울 강남지역에서 즙석분구묘와 고구려식적석총으로 대표되는 선주민 집단과 고구려계 이주민 집단이 연합을 통해 백제를 건국하였을 것이라는 필자의 고고학적 견해는 비류와 온조로 표현되는 두 세력이 낙랑과 말갈의 위협 속에서 공동 방어의 목적 아래 연맹을 형성하였을 것으로 보는 역사학계의 견해와 일맥 상통한다.

『삼국사기』 온조 13년조의 기록에는 백제가 낙랑과 말갈의 침략으로 인해 천도한 것으로 되어 있는데 마한이 동북 일백리의 땅을 주었다는 표현으로 미루어 자기 세력권 내의 계획적인 이주 상황을 나타낸 것은 아니라고 보는 견해는 백제 건국세력과 현지 토착세력간의 연합 가능성을 높여주는 견해라고 할 수 있을 것이다.

일반적으로 백제왕계는 이원적으로 구성되어 있다고 보는바, 부여씨와 해씨, 온조-초고계와 비류-고이계, 부여씨와 우씨로 대별되었다고 보는 견해와 근초고왕대에 왕실이 교체되었다는 견해가 있다.

고고학적으로 고구려계 이주민의 고구려식적석총과 이에 대비되는 선주 토착민의 즙석분구묘나 백제식적석총의 관계를 고려해 보면 두

왕계는 어느 한쪽의 압도적인 우세 속에서 일시에 교체되었다기 보다는 상당한 기간 동안 경쟁관계에 있었다는 주장이 더 타당하다고 본다.

이러한 관점에서 보면 고이계와 초고계를 동시에 존재했던 전혀 다른 집단으로 보는 견해가 주목된다.

토기를 통해 본 백제의 건국 과정

백제는 마한의 변방지역에 해당했던 서울 한강유역을 기반으로 고구
려계 이주민들에 의해 건국된 후 점차 마한을 병합해 나가는 발전과정
을 거쳤다고 하지만 백제의 건국시기와 건국과정을 비롯한 제반 문제
들을 구체적으로 파악해 보고자 하면 연구자에 따라 적지 않은 견해 차
이를 보여주고 있음을 알게 된다.

그 이유는 물론 문헌자료나 고고학자료 모두가 크게 부족하기 때문이
지만 동일한 고고학자료에 대한 연대관이 서로 다르고 주변지역과의
비교 연구가 충분히 이루어지지 못한데 기인한다고 할 수 있는데 가장
중요한 고고학자료의 연대문제는 백제토기가 관건을 쥐고 있다.

백제토기라 함은 백제시대에 백제지역에서 제작·사용됨으로써 같은
시대의 고구려·신라·가야의 토기와는 뚜렷이 구분되는 토기를 의미
하는 것이다. 따라서 백제토기의 시간적, 공간적 범위를 파악하는 일이
중요한데 이를 위해서는 백제 중심지역의 토기와 주변지역 토기 사이
의 관련성을 자세하게 밝히는 작업이 이루어져야 할 것이다.

1. 서울지역 백제토기와 인접지역 토기와의 관계

1) 한강상류지역 토기와의 관계

백제초기 핵심지역인 서울 강남지역의 석촌동고분군과 몽촌토성에서 출토된 백제초기토기와 관련지을 수 있는 지역 가운데 가장 빠른 단계에 해당하는 지역으로 흔히 북한강유역이 거론되어 왔다.

그러나 결론부터 말하자면 북한강유역의 토기는 백제토기의 형성에 있어 핵심적인 비중을 차지한 것이 아니며 미사리유적에서 보듯이 북한강유역의 토기 전통을 유지하고 있던 일부 지역이 백제권으로 포함되면서 백제토기의 한 부분을 차지하게 되었을 뿐이라고 보는 것이 합리적일 것이다.

춘천 중도, 가평 마장리와 이곡리, 대성리 유적 등 북한강 상류지역에서는 흔히 경질무문토기라 불리는 외반구연호가 초기철기시대에 가장 먼저 출현하며 이어 적갈색 연질의 타날문 심발형토기, 연질이나 경질의 회색 타날문 단경호가 나타난다.

경질무문토기는 북한강 유역 외에도 수원 서둔동, 화성 발안리 등 경기 서부지역과 중원 하천리, 횡성 둔내, 명주 안인리, 양양 가평리 등 남한강 상류지역이나 동해안지역에서도 출토되고 있다.

한강 상류지역에서 가장 이른 단계에 출현하는 경질무문토기는 호곡동, 초도 등 동북지방 초기철기시대 주거지에서 출토되는 무문토기와 여러 면에서 유사성을 보인다. 기종면에서 외반구연호와 내반구연호,

사발, 시루형 토기 등의 유사성을 보이고, 고화도 소성의 경질이라는 점에서도 유사성을 보이고 있으며, 깎기나 마연수법 등의 표면처리 수법에 있어서도 일치하는 것이다.

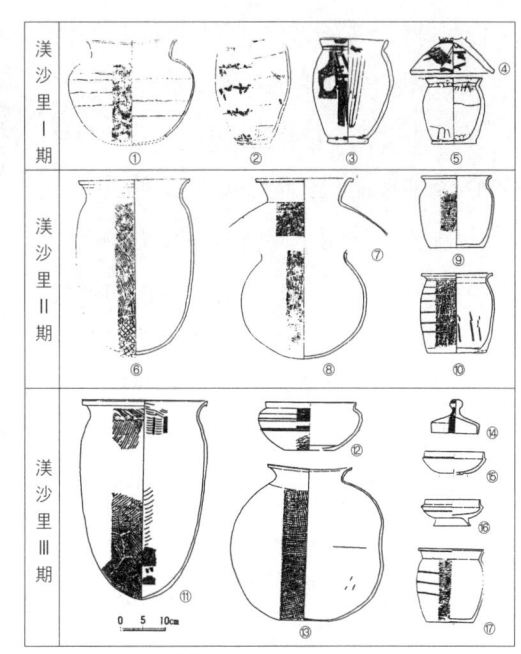

漢沙里Ⅰ期

漢沙里Ⅱ期

漢沙里Ⅲ期

0 5 10cm

미사리 출토 토기 변천도

그러므로 경질무문토기를 중심으로 하는 중도문화의 기원에 있어 서북한지역을 상정하기도 하지만 동북지방 초기철기문화가 철기와 함께 동해안과 북한강, 남한강을 타고 타날문토기가 제작되기 전에 파급된 결과라고 보는 견해가 타당한 견해라고 생각되며, 거기에 서북한에서 전해진 타날문토기가 부가되는 발전과정을 거쳤다고 판단된다.

경질무문토기가 출토되는 주거지들은 모두가 '凸'자나 '몸'자형이고 노지는 북한강과 남한강 유역에서는 대부분 부석형인 반면 미사리유적에서는 한 주거지내에 부석형과 아궁이형이 공존하고 있다(미사리Ⅰ

기). 이러한 아궁이의 공존 현상은 2~3세기경에 닥쳐온 한파 때문에 난방력을 높이기 위한 것으로 파악된다.

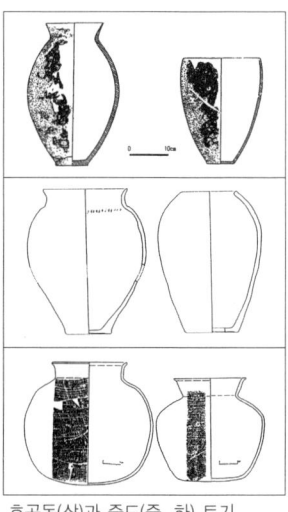

호곡동(상)과 중도(중, 하) 토기

미사리유적에서는 부석형 노지를 가진 '凸'자나 '呂'자형 주거지가 6각형 주거지로 바뀌면서 부석형 노지가 사라지고 아궁이형 노지만 남게 되는데 이때부터 경질무문 외반구연호가 취사용 토기로 사용되지 않고 그 대신 장란형의 적갈색 타날문토기가 사용되기 시작한다(미사리Ⅱ기). 이는 노지 종류와 취사용 토기 종류와의 상관관계를 말해 주는 것으로서 장란형의 적갈색 타날문토기는 아궁이시설의 유행과 함께 기존의 취사용 토기가 새로 유행하는 아궁이에 걸치기 편리한 형태로 변화된 것이라고 판단되는데 이러한 토기는 미사리 뿐만 아니라 몽촌토성 등 서울 한강유역을 비롯한 백제권역에서 계속해서 사용된다.

이와 같이 미사리를 중심으로한 서울 한강유역은 적갈색의 장란형 타날문토기가 사용되는 미사리Ⅱ기부터 한강 상류지역의 중도문화권 토기들과는 기종, 제작법 등에서 서로 달라지기 시작하였고 몽촌토성 출토품과 같은 전형적인 백제토기가 확산되는 미사리Ⅲ기 이후에는 백제 핵심지역에서까지 그러한 전통을 가진 토기들이 나오고 있다.

그러므로 백제토기의 형성에 있어서 미사리유적을 매개로 하는 중도문화 토기의 영향을 배제할 수는 없을 것이지만 북한강유역의 중도문화 토기 자체가 백제토기의 출발점이 되는 것은 아니라는 것을 알 수 있을 것이다.

2) 충청지역 토기와의 관계

충청지역에서 조사된 토광묘는 청당동을 중심으로 아산만 일대의 내륙지역과 금강 상류지역에 집중되어 있다. 청당동 토광묘는 무덤의 구조나 부장품의 내용으로 볼 때 시작 단계에서는 한강유역과 무관하며 서북한지역의 새로운 토기 생산체제와 철기를 가진 토광묘 문화가 파급된 결과로 파악되는데 특히 서북한지역의 토광목곽묘 단계와 관련성이 깊다. 청당동 토광묘 문화와 서북한지역 토광목곽묘 문화와의 공통점을 구체적으로 살펴보면 다음과 같다.

첫째, 서북한지역은 토광목관묘 단계부터 무문양의 심발형토기와 아래쪽에 승문이 시문된 소형의 배부른토기 1점씩이 기본 세트로 부장되는데 그러한 전통은 토광목곽묘에도 이어진다. 서북한지역 토광묘에서는 심발형토기와 소형의 배부른토기 외에도 중형의 회색승문토기들이 부장되는데 심발형토기나 배부른토기와는 달리 여러 점씩 부장된다.

충청지역 토광묘 출토 토기 역시 서북한지역에서와 같이 무문양의 심발형토기가 1점씩 기본적으로 부장되며 '〉〈'형의 외반 구연에 편구형 동체를 가진 중형의 회색타날문토기는 여러 점씩 부장된다. 충청지역 토광묘에서 출토되는 심발형토기는 서북한지역의 것처럼 무문양이고 크기도 높이 15㎝ 내외로 비슷한데 타날문이 시문되고 편평해져서 안정된 느낌을 주는 한강유역의 심발형토기보다는 서북한지역의 심발형토기와 훨씬 유사하다.

따라서 충청지역 토광묘에서는 소형의 배부른토기가 부장되지 않는다는 점을 제외하고는 두 지역이 매우 깊은 관련성을 보인다고 할 수 있다.

둘째, 청당동에서 출토되는 철모 · 철끌 · 철낫 · 철도끼는 서북한지역에서 토광목관묘 단계에 이어 토광목곽묘 단계에서도 계속해서 나오는 유물이지만 환두대도 · 환두도자 · 집게 등은 토광목곽묘 단계에서 출토되는 유물들이다.

서북한지역에서는 귀틀무덤 단계가 되면 철기의 부장이 현격히 줄고 환두대도 · 철모 등은 사라진다. 청당동이나 송절동에서 칸막이 부장공간이 있는 경우에 다양한 철기가 출토되는데 송절동 A-4호에서는 철모 · 철촉 · 철극 · 집게, 청당동 13호에서는 환두대도 · 따비날, 14호에서는 환두대도 · 환두도자 · 철모 · 철끌 · 소도자 · 철부 · 철촉, 18호에서는 환두대도 · 철모 · 철부 · 철촉, 22호에서는 환두대도 · 철모 · 철끌 · 철부 · 철낫 · 철촉이 출토되어 서북한지역 토광목곽묘에서 출토된 철기와 그 구성이 같다.

셋째, 다양한 철기가 출토된 청당동 22호에서는 곡봉형대구가 출토되었는데 서북한지역 토광목곽묘에서 출토된 것과 동일한 것으로서 서북한지역에서는 주로 토광목곽묘 단계에서 출토되며 귀틀무덤 단계가 되면 새나 동물을 형상화시킨 것으로 변화한다.

네째, 칠기는 비록 흔적 뿐이지만 청당동 13·15·20·22호와 송절동 B-4·B-5·B-6호에서 확인되고 있는데 서북한지역에서는 토광목관묘 단계에서는 출토되지 않고 토광목곽묘 단계 이후에 출현한다.

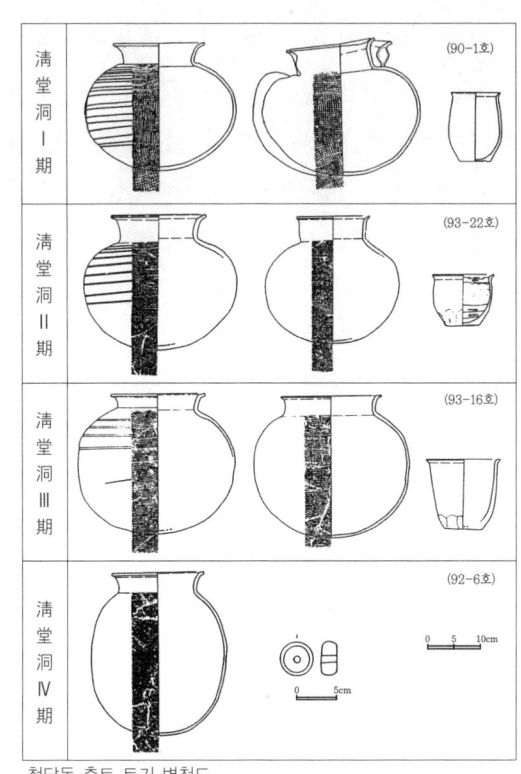

清堂洞 I 期 (90-1호)

清堂洞 II 期 (93-22호)

清堂洞 III 期 (93-16호)

清堂洞 IV 期 (92-6호)

청당동 출토 토기 변천도

다섯째, 청당동 14·20·22호분과 송절동 B-4·B-5·B-6호는 그 구조가 목곽묘 형태인데 환두대도나 칠기, 청동대구 등 서북한지역 토광목곽묘에서 출토되는 유물들이 출토된다.

여섯째, 청당동과 송절동의 목관묘나 목곽묘에서 발견되는 칸막이 시설의 부장칸은 서북한지역 목곽묘의 경우와 상통한다.

이와 같이 충청지역의 토광묘 문화는 서북한지역 토광목곽묘 문화와 밀접히 연관되어 있다고 할 수 있겠는데 이는 한군현 세력이 서북한지역을 장악해 나가는 과정에서 위만조선의 잔여세력 일부가 토광목곽묘와 함께 철기와 토기를 가지고 내려온데 기인하는 것일 가능성이 높다고 본다.

위만조선과 관련된 것으로 판단되는 서북한 세력이 충청지역에 유입된 시기는 같은 계통의 세력들이 경상도 지역으로 내려간 시기보다 늦다고 판단된다. 그리고 이들은 토광목곽묘 단계의 문화를 가지고 있었던 점에서 한사군이 설치되고 얼마간 그 영향권에 놓여 있다가 충청지역으로 내려온 것으로 추정된다.

청당동이나 송절동에는 한사군과 직접 관련된 백색단지나 거울 등이 없는데 이는 경상도로 내려간 세력들이 한군현과 교류관계를 형성하고 있었던데 반해 충청지역은 한군현과 직접적인 교류가 없었기 때문인 것으로 판단된다.

이처럼 충청지역의 토광묘 문화는 한강유역보다 서북한지역과 밀접하게 연결되면서 시기적으로 한강유역보다 빠른 것으로 보아 서북한지역의 토광묘 문화가 한강유역을 거친 것이 아니라 아산만 쪽의 해안루트를 통해 직접 파급된 것이라고 볼 수 있다.

그러므로 한강유역의 백제 초기 토기는 충청지역 토기와 직접적으로는 무관하다고 할 수 있을 것이지만 두 지역 모두 서북한지역 토광묘

문화의 영향 아래 시작되었다는 점에서 보면 서로 전혀 무관하다고 할
수는 없을 것이다.

3) 서북한지역 토기와의 관계

서북한지역에는 전국시대, 특히 연나라의 철기문화가 위만조선의 성
립과 함께 유입되는데 철기 뿐만 아니라 새로운 토기생산체제와 토광
목관묘가 도입되어 기존의 세형동검문화와는 다른 면모를 갖추게 된
다.

그러나 한사군 설치를 전후하여 철기문화를 소지한 위만조선의 주 세
력은 경상도지역으로 내려가게 되고 이로 인해 경상도지역은 본격적인
철기문화가 시작된다.

한편 한강유역이나 충청지역의 철기문화는 위만조선의 주 세력이 내
려간 경상지역의 철기문화와는 약간의 차이점을 갖고 있지만 환원염
소성 토기제작법을 비롯한 몇가지 면에서 서북한지역 철기문화의 직접
적인 영향을 받게 된다.

석촌동 3호분 동쪽고분군 하층의 집단토광묘에서는 약간 외반하는 직
립에 가까운 짧은 목에 어깨가 부푼 형태를 하고 있는 무문양 회색토기
와 타날문이 시문된 심발형토기나 둥근 호가 출토되었다. 무문양의 회
색토기는 서북한지역 귀틀무덤 단계에서 본격적으로 부장되는 것인데
서울지역 출토품은 서북한지역에 비하면 직립에 가까워진 구연을 갖고
있다가 다음 단계가 되면 전형적인 직립단경호로 변화한다.

서울지역 출토 타날문 심발형토기는 타날문이 시문된 점이 차이가 나지만 서북한지역 토광묘에 부장된 화분형토기와 통하는데 충청지역 토광묘에서는 그보다 이른 무문양의 심발형토기가 출토된다는 점과 비교된다.

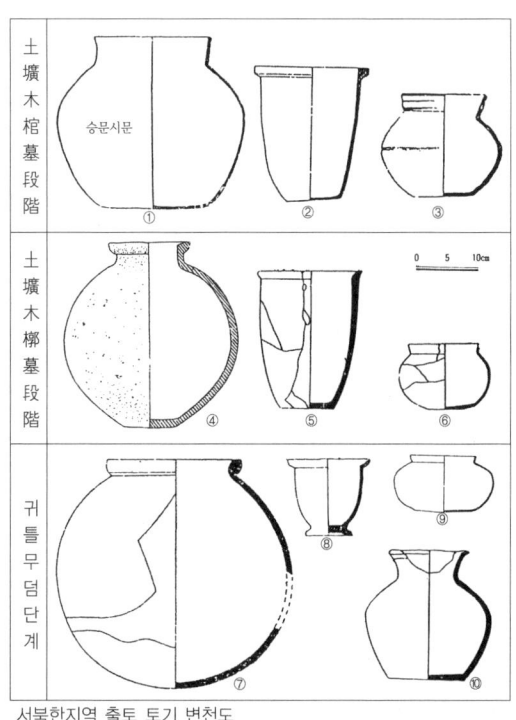

土壙木棺墓段階

숭문시문

①　②　③

0　5　10cm

土壙木槨墓段階

④　⑤　⑥

귀틀무덤단계

⑦　⑧　⑨　⑩

서북한지역 출토 토기 변천도

석촌동에서는 최하층에서부터 많은 옹관묘가 조사되었는데 3호분 동쪽 고분군 하층의 1호 옹관묘는 옹관의 규모가 크고 두께가 1.3㎝에 달하는 무문양의 독특한 것으로서 정백동에서 발견된 40호 옹관이 그 규모나 형태, 두께, 무문양 등 여러 면에서 대단히 비슷한 면모를 보여주고 있다.

그러므로 충청지역에 유입된 서북한지역의 토광묘 문화는 여러가지 면에서 서울지역보다 이르면서도 집중적이었던데 반해 서울지역에 유입된 서북한지역의 토광묘 문화는 시기적으로 늦을 뿐만 아니라 그 집중도에 있어서도 서북한 지역보다 뒤지면서 3세기초부터는 서북한지역과는 무관한 마한권의 새로운 분구묘 전통이 시작되었다고 할 수 있다.

또한 충청지역에서는 서북한지역의 토광묘 문화가 상당한 기간동안 동질적인 문화를 유지하면서 발전하였던데 반해 서울지역에서는 서북한지역에 기인했던 타날문과 환원염 소성이라는 새로운 토기생산체제가 서서히 유입되어 서울지역에 진출해 있었던 경질토기문화를 변화시켜 나가는 한편 짧은 기간 동안에 새로운 토기 전통이 확립되어 전형적인 백제토기로 출발하는 차이를 보여주고 있다.

2. 백제토기의 성립과 발전

1) 백제토기의 성립

서울 강남지역에서 출토된 새로운 토기 가운데 가장 빠른 단계의 토기는 석촌동 최하층의 집단토광묘에서 출토된 것이라고 할 수 있으며 이 토기들은 서북한지역과 밀접한 관련을 가지고 있다. 여기서 출토된 토기는 인근의 미사리유적을 비롯한 한강 상류지역에서 흔히 보이던 경질무문토기가 없고 바로 타날문토기로부터 시작하면서 다음 단계에서 전형적인 백제토기들과 공반되고 있기 때문에 일단 백제초기 한성시대 토기는 서북한지역에 기반을 둔 타날문토기 단계에서 출발하였다고 할 수 있을 것이다.

그러나 이 단계는 아직 고구려계통의 이주민들에 의해 백제가 건국된 단계가 아니어서 엄밀한 의미에서는 백제토기라고 말하기는 어려울 것이다.

석촌동 최하층의 집단토광묘를 기점으로 시작되는 서울지역의 새로운 토기는 타날문토기 단계에 해당하지만 회청색 경질토기보다는 회백색 연질토기가 주종을 이루고 있다.

서울 석촌동 집단토광묘 출토 토기
(서울대학교박물관)

그러나 집단토광묘에 바로 이어 축조된 같은 하층의 즙석분구묘와 그 주변에서는 기종이 매우 다양해지면서 유리질화가 잘 이루어진 경질토기가 차지하는 비중이 급격히 높아지고 있고, 거의 같은 시기에 해당할 것으로 판단되는 몽촌토성 초기 단계에 가장 백제적인 기종이라 할 수 있는 삼족토기가 새로이 등장하는 등 기존 단계와는 비교할 수 없을 만큼 발전된 면모를 보여주고 있다.

이 새로운 기종들로는 삼족토기, 무개고배, 흑색마연토기, 토기뚜껑 등을 들 수 있으며 동일시기의 타지역 토기와는 뚜렷하게 구분되는 새로운 전통으로 출발하기 때문에 이 시기를 실질적인 의미에서 백제토기가 성립하는 단계로 보아야 할 것이다.

이 새로운 기종의 등장에 있어 삼족토기와 무개고배에 대해서는 아직까지 뚜렷한 의견 제시가 이루어지지 못하고 있지만 흑색마연토기는

고구려토기나 낙랑토기가 기원을 이룬다고 보는 견해가 일반적이었던 것 같다.

그러나 고구려토기와 낙랑토기에 보이는 흑색토기는 표면이 흑색이라는 점에서만 공통될 뿐 석촌동의 흑색토기와는 기종이나 문양, 제작기법 등에서 본질적으로 차이가 나며, 동일시기에 폭발적으로 증가하는 다른 새로운 기종들은 고구려토기나 낙랑토기에서는 전혀 찾아볼 수 없다.

필자는 이 모든 새 기종들이 거의 동일한 시기에 폭발적으로 등장하고 있다는 점에서 그 기원이 각각 다르지 않고 동일한 배경에서 출현하였을 가능성이 대단히 높다고 판단하고 있으며, 그 직접적인 배경은 국내에 있지 않을 가능성도

백제토기(위로부터 흑색마연토기, 직구호, 삼족토기)

배제할 수 없을 것으로 생각하고 있다.

그 까닭은 이 새로운 기종들이 동일시기 국내 다른 어느 지역에서도 찾아보기 어렵다는 점과, 이 새로운 기종들과 직결되는 석촌동 최하층 즙석분구묘가 동일 분구 내에 다장이 이루어졌던 독특한 특징을 가지

고 있으면서 거기에서 목제 노가 출토된 점 때문이다.

동일 봉토 내의 다장이라는 장제 상의 특징은 서울지역에서는 즙석 분구묘에서만 찾아볼 수 있는 것으로서 일반적으로는 기존의 토광묘에 고구려에서 새로 들어온 적석총 요소가 가미되어 탄생한 것이라고 보고 있지만 이러한 해석은 가락동

서울 석촌동 즙석분구묘 목제 노 출토 광경(서울대학교박물관)

1 · 2호분의 발굴 이후 내려진 잠정적인 결론이었다고 할 수 있다.

필자는 이와 같은 즙석분구묘들이 범마한권의 분구묘들과 동일한 다장을 특징으로 하고 있다는 점, 출토된 토기들이 기존의 토광묘 출토 토기들과는 분명히 구분되는 삼족토기 등 새로운 기종으로서 대부분 완성된 토기로서 갑자기 성행하는 점, 석촌동 3호분 동쪽 즙석분구묘에서 출토된 목제 노를 통해 그 주인공이 배를 이용한 대 중국 교류를 담당했던 사람이었을 것이라고 추정되는 점 등에서 즙석분구묘라는 새로운 묘제 뿐만 아니라 새로운 유형의 토기 역시 중국과 밀접한 관계 속에서 등장하였을 가능성을 배제할 수 없다고 보고 있다.

이에 대한 보다 구체적인 증거 제시와 자세한 관계 규명은 앞으로 해결해 나가야 할 과제라고 하겠지만 일단 중국 양자강유역의 토돈묘와 연계되어 있을 가능성을 생각하고 있다. 양자강유역의 토돈묘는 기본

적으로 목관이나 목판을 매장주체로 하는 다장이 특징이며 일본 전방
후원분의 기원 문제와 결부되어 한강유역과의 관련성이 일찍이 거론된
바 있다.

양자강유역의 토돈묘는 지역에 따라 석실을 매장주체로 삼기도 하는
데 어느 경우에 있어서나 지상에 매장주체를 설치한다는 점에서 서울
지역 즙석분구묘와 상통하며, 서울지역에서 폭발적으로 증가하는 새
기종의 출현과 전혀 무관하다고 볼 수 없는 다양한 종류의 경질토기들
이 출토되고 있다.

중국 양자강유역과 서울지역을 비롯한 한국의 중서부지역이 일찍부
터 교류관계를 가지고 있었음은 세형동검문화기에 출토되는 중국식동
검이나 동사를 통해 인식할 수 있는 것이지만 몽촌토성에서 출토된 서
진 회유전문도기편과 동진 청자를 통해 두 지역간의 교류가 계속되고
있음을 충분히 파악할 수 있을 것이다.

그러나 백제 한성시대에 있어 이 두 지역의 묘제와 토기의 관련성을
거론할 때 가장 크게
제기되는 문제는 양
자강유역의 토돈묘
가 춘추시대에 중심
연대를 두고 있다는
점이라고 할 수 있는
데 앞으로 두 지역의

몽촌토성 출토 중국 도자기(서울대학교박물관)

조사와 연구 진행에 따라서는 어느 정도 간격이 좁혀질 여지는 충분하다고 판단하고 있다.

2) 백제토기와 선백제토기의 관계

서울 강남지역에서 서북한지역의 토광묘 문화가 바탕이 되고 중국 양자강유역의 문화요소가 가미되어 백제토기가 성립되었던 것이라면 선백제토기는 백제토기 성립 이전에 서울 강남지역을 비롯하여 백제권으로 편입되는 지역에서 사용되었던 토기를 지칭하게 될 것이다.

백제 초기 영역이 어떠하였는지에 대해서는 이론의 여지가 있지만 백제토기가 성립하는 시기라 할 수 있는 3세기 중엽경 이전에 백제중심권역에서 확인된 대표적인 유적으로는 서울 미사리유적과 수원 서둔동유적 등을 들 수 있을 것이다.

미사리유적의 예를 보면 경질무문토기에 새로이 타날문토기가 유입된 다음 얼마간의 과도기를 거치고 나서 전형적인 백제토기로 발전하고 있다. 몽촌토성에서는 백제토기 외에도 미사리유적에서 성행하였던 승석문토기나 시루 등 적갈색 연질토기가 사용되기 때문에 몽촌토성의 백제토기가 그 이전 시기에 해당하는 미사리유적의 경질무문토기로부터 출발하는 것으로 오인될 수도 있을 것이다.

그러나 미사리의 예는 타날문토기를 바탕으로 서울 강남지역에서 출발한 백제토기가 경질무문토기가 주종을 이루는 중도문화토기에 영향을 끼침으로써 중도문화토기가 변화되는 과정을 보여주는 것으로서 중도문화권에 속해 있던 미사리지역이 한성백제의 출범과 함께 중도문화권의 영향에서 벗어나 백제의 영향권으로 들어가는 상황을 반영하는 것으로 이해하는 것이 합리적일 것이다.

한편 미사리지역과 마찬가지로 경질무문토기를 사용했던 중도문화권의 중심지역에서는 점차 타날문토기와 함께 목긴 회백색단지를 비롯한 낙랑계 토기가 나타나기 시작하지만 토광묘는 보이지 않고 말갈식 적석총이 조사되고 있다.

이 말갈식적석총에는 서북한지역, 서울지역, 충청지역 토광묘에 공통되었던 심발형토기를 부장하는 전통이 전혀 보이지 않는 것으로 미루어 서북한지역의 새

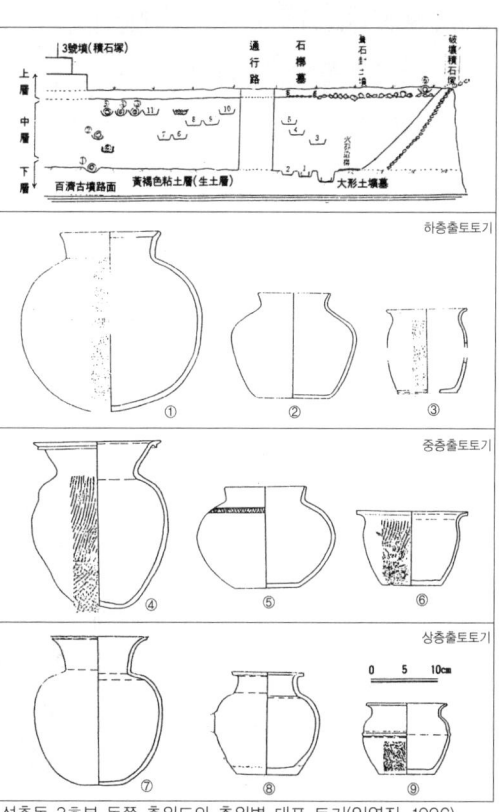

석촌동 3호분 동쪽 층위도와 층위별 대표 토기(임영진, 1996)

로운 토기문화가 파급되기는 하였지만 이는 문화요소의 유입에 의한 것이고 주민의 이동과 같은 직접적인 영향은 아니었다고 판단된다.

결국 백제토기 성립 이전에 서울을 비롯한 백제 중심권역에서는 서울 강남일대로 대표되는 서북한 토광묘문화 계통의 타날문토기와 서울 미사리일대로 대표되는 중도문화 계통의 경질무문토기 등 두 가지 상이한 계통의 토기들이 사용되었다고 할 수 있다.

그러나 3세기 중엽경에 이루어진 백제의 건국과 함께 전형적인 백제토기가 성립되는 과정에서 서북한 토광묘문화 계통의 토기 전통은 백제토기 성립의 밑바탕이 되었던데 반해 중도문화 계통의 토기 전통은 백제토기에 흡수·통합되었던 것이라고 할 수 있을 것이다.

3) 백제토기의 발전과 확산

백제토기는 서울 강남일대의 한강유역을 무대로 하여 서북한 토광묘문화 계통의 토기 전통이 바탕이 되어 성립한 이후 급속히 발전하면서 주변지역으로 파급되어 나간다.

한성시대 백제토기의 발전과정은 몇 개의 단계로 나누어 살펴볼 수 있는데 석촌동 3호분 동쪽 지역에 대한 조사를 통해 확인된 3개 문화층을 토대로 7개의 분기로 세분해 볼 수 있다.

서울 석촌동 집단토광묘 출토 토기
(서울대학교박물관)

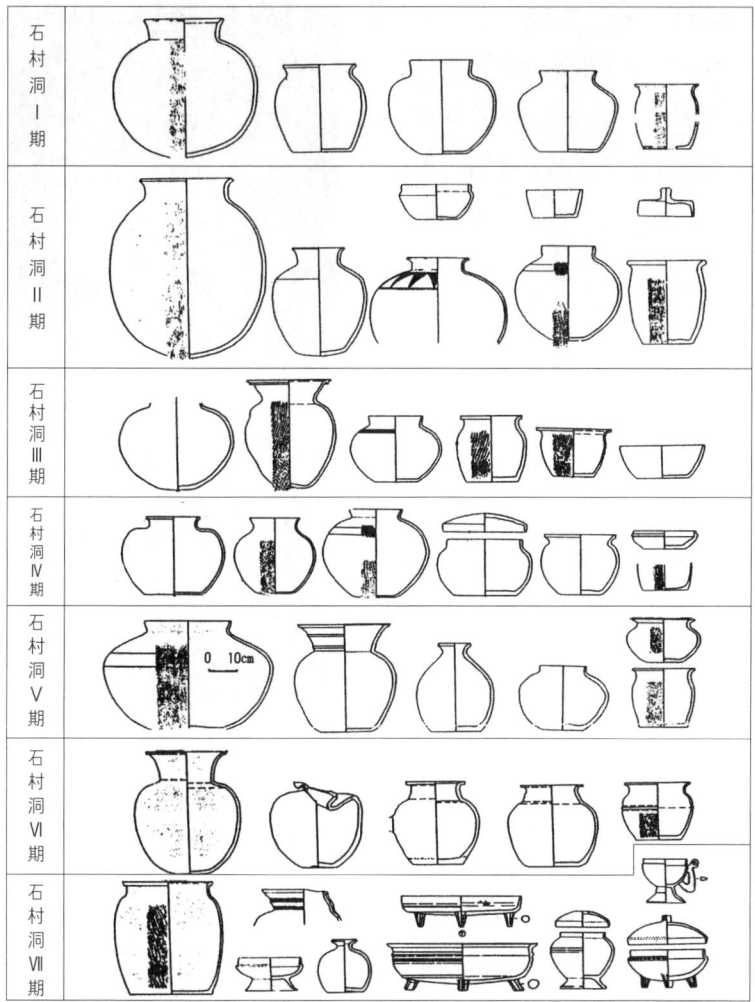

石村洞 I 期	
石村洞 II 期	
石村洞 III 期	
石村洞 IV 期	
石村洞 V 期	
石村洞 VI 期	
石村洞 VII 期	

서울 석촌동 출토 토기 변천도(임영진, 1996)

석촌동Ⅰ기는 3호분 동쪽 고분군 최하층의 집단토광묘에서 출토된 일련의 토기로 대표되며 지금까지 서울지역에서 조사된 환원염 소성 일괄토기 가운데 가장 고식에 속하는 토기라는 점에 대해서는 이의가 없는 것 같다.

서울 석촌동 1호 토광묘 출토 토기

토기의 종류는 크게 세가지로 구분되는데 첫째는 약간 외반하는 짧은 목에 어깨가 발달하고 바닥이 넓은 토기로서 회백색 연질이다. 둘째는 회청색 경질의 둥근 동체에 짧은 목이 달린 호이며, 셋째는 적갈색 연질의 심발형토기이다.

문양은 첫째 유형에는 전혀 없고, 둘째 유형과 셋째 유형에는 승석문이 시문되어 있다. 첫째 유형의 토기는 한강유역에서는 그 유례를 찾아보기

서울 석촌동 하층 적석부 출토 토기

어렵고 기형·크기·소성도 등 여러 가지 면에서 서북한지역 고분에서 출토되고 있는 무문양 회백색토기와 흡사한데 석촌동의 집단토광묘에서 칠기가 출토되고 있는 점과 함께 서북한지역과의 관련성을 시사하

고 있다. 그 시기는 2세기 후반~3세기 초엽에 해당한다.

석촌동Ⅱ기는 최하층의 집단토광묘보다 약간 늦은 시기이지만 역시 하층에 속하는 즙석분구묘와 1~3호 토광묘에 해당하는 것으로서 석촌동Ⅰ기에 등장했던 토기 이외에 몇가지 유형이 더 나타난다.

석촌동Ⅱ기에 보이는 새로운 토기는 첫째, 어깨에 문양대가 들어간 흑색토기, 둘째, 폭에 비해 높이가 높고 목이 좁아서 병처럼 여겨지는 호, 셋째, 폭에 비해 높이가 낮고 구경이 복경과 비슷한 직립광구단경호, 넷째, 연질의 무개고배, 다섯째, 토기뚜껑이다.

Ⅱ기에 출현한 토기들이 Ⅰ기 토기와 크게 다른 점은 구연의 형태인데 Ⅰ기 토기들은 주로 외반된 반면에 Ⅱ기 토기부터는 직립으로 변화하며 이후 직립구연은 백제토기의 커다란 특징이 된다.

구연 형태의 변화와 함께 본격적인 토기뚜껑이 출현하는 점이 주목되는데 기존의 외반구연토기에는 나무나 돌로 만든 뚜껑이 구연 안쪽에 놓이는 반면, 직립구연에서는 구연 전체를 밖에서 감싸 덮는 완벽한 뚜껑이 사용되는 것이다. 그 시기는 3세기 중엽에 해당한다.

석촌동Ⅲ기는 중층에서도 가장 빠른 단계로서 3세기 후반대에 해당하는데 기존의 토기 전통이 계속되면서 백제토기의 대표적 기종인 외반광구호가 등장하고 있다. 그리고 직구호는 편구형의 동체에 직립하는 짧

서울 석촌동 5호토광묘 출토 토기

은 목이 달리고 동체 어깨에는 사격자문대
가, 저부에는 불규칙한 타날격자문이 시문
되고 있다.

서울 석촌동 6호 토광묘 출토 개배

석촌동Ⅳ기는 중층의 중간 단계로서 4세
기 전반대에 해당하는데 장구한 기간 동안 토광묘에서 가장 중요한 부
장품으로 군림하였던 적갈색연질 승석문 심발형토기를 대신한 회청색
경질의 심발형토기와 개배가 나타나고 있다.

광구호는 승석문과 격자문이 동체 전면에 시문되었다가 점차 동체 문
양이 사라지고 그 대신 경부에 1~2조의 돌대가 돌아가는 것으로 바뀐
다.

석촌동Ⅴ기는 중층의 마지막 단계로서 4세기 후반대에 해당하는데 이
시기의 8호 토광묘 옆에서는 4세기 중엽경의 동진 청자가 출토되었다.
단경호는 전 단계까지 흔히 시문되었던 사격자문 대신 파상집선문이
시문되고 새로이 유개고배가 나오며 토광묘의 장축이 동서방향에서 남
북방향으로 바뀌면서 병도 나타나고 있다.

서울 석촌동 9호 토광묘 출토 단경호

석촌동Ⅵ기는 상층으로서 현 표토
와 구분되지 않을 정도로 지표에 노
출되어 교란되어 있지만 석촌동 1호
분 상층에서 조사된 3호 위석분구묘
에서 출토된 일련의 백제토기는 석
촌동 동쪽 고분군의 중층토기와는

다른 것들로서 5세기 초반으로 추정되며 3호
분 동쪽 토광묘군 중층 이후의 변화를 잘 보
여주고 있다.

서울 석촌동 3호 위석분구묘
출토 토기

3호 위석분구묘에서는 파배와 어깨가 꺾인
심발형토기가 나왔는데 파배는 이후 공주와
부여에서도 계속되며 어깨가 꺾인 심발형토기
는 석촌동Ⅳ기에 처음 나타난 경질의 심발형
토기가 더욱 변화된 것이다.

서울 몽촌토성 토광묘 출토 삼족토기
(서울대학교박물관)

석촌동Ⅶ기는 서울지역 백제토
기의 마지막 단계로서 몽촌토성
안에서 조사된 토광묘 출토품을
들 수 있다. 이 토광묘는 몽촌토
성 폐기 직후에 조성된 것으로 추
정되는 만큼 5세기 후반으로 볼
수 있으며 석촌동Ⅵ기에 나타났
던 파배와 함께 삼족토기가 부장되는 변화를 보여주고 있다.

백제초기 한성시대의 도성일 가능성까지 거론되고 있는 몽촌토성은
늦어도 3세기 중엽경에 시작되었으며 475년의 공주 천도 이후에도 얼
마간 사용되었던 증거가 보이는데 몽촌토성에서 출토된 백제토기들을
새로운 기종의 출현과 동일 기종내의 변화를 토대로 분기를 설정하면
크게 3기로 구분해 볼 수 있다.

몽촌 I 기는 3세기 중엽에서 4세기 전반에 해당하는데 어깨에 격자문양대가 들어가는 직립단경호와 심발형토기 이외에 새로이 고배, 삼족기 등 백제의 전형적인 토기들이 등장한다.

고배는 석촌동에 비추어 볼 때 무개고배가 유개고배에 앞서 사용되었을 것으로 판단되며 이 단계에 사용되는 유개고배는 뚜껑받이가 짧고 배신이 깊은 형태를 하고 있다.

삼족기는 몸체가 호형을 이루며 둥글고 긴 다리가 서로 멀리 떨어져

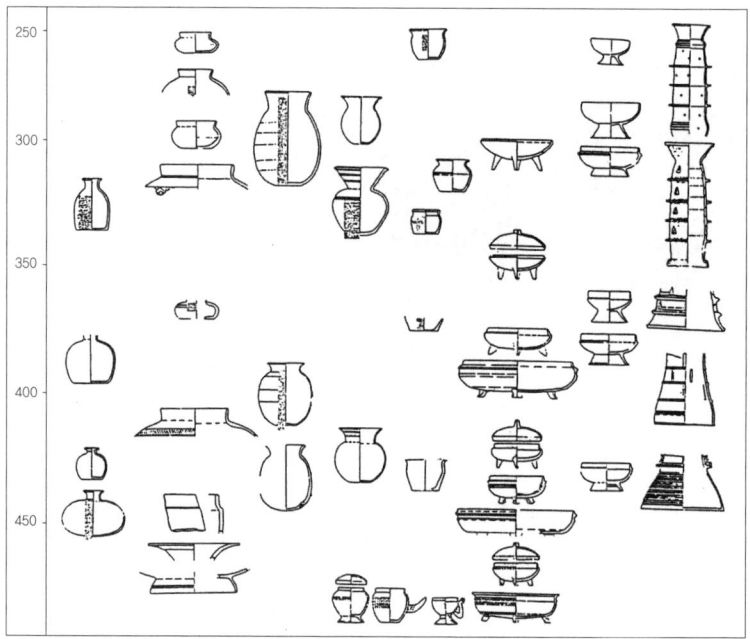

서울 몽촌토성 출토 토기 편년표(임영진, 1996)

전체적으로 날렵한 형태를 하고 있다. 그밖에 전형적인 백제토기로서 다음 시기로 이어지는 광구호, 병, 원통형토기(기대)도 이 시기부터 사용되기 시작한다.

몽촌Ⅱ기는 4세기 후반에서 5세기 중엽에 해당되는 시기로 직립단경호는 어깨문양대의 문양이 파상문으로 변하면서 동체도 Ⅰ기에 비하여 편구형으로 변화한다.

고배와 삼족기는 뚜껑받이가 직립하면서 길어지는데 배신으로 이어지는 모양이 Ⅰ기에는 각이 지던 것에서 둥글게 곡선을 이루는 형태로 변화하였다. 삼족기는 배가 곡선적으로 변하고 다리가 짧아지면서 다각형을 이루게되며 새로이 반형삼족기가 출현한다.

광구호는 동체의 문양이 없어지고 경부에 돌대가 돌아가거나 파상문이 시문되는 형식으로 변화하며 원통형토기도 바닥쪽이 벌어지는 변화를 보이면서 경질화된다. 또한 횡병이 이 시기에 새로이 출현한다.

몽촌Ⅲ기는 백제가 웅진으로 천도한 5세기 후엽 이후에 해당되는데 대부호와 파배가 새로 등장한다. 이 새로운 기종들은 몽촌토성 내의 생활유구에서는 전혀 찾아볼 수 없고 몽촌토성 내의 토광묘와 석촌동 마지막 단계의 고분에서만 출토된다는 점에서 몽촌토성 폐기 이후 서울지역에 남아있던 백제인들이 남긴 것이었다고 판단된다.

석촌동 고분군과 몽촌토성 등 서울 강남지역을 중심으로 발전하였던 백제토기는 건국 직후부터 주변지역으로 확산되고 있는 바 아직까지는 북쪽으로 확산된 증거를 찾아보기가 쉽지 않지만 동쪽과 남쪽으로 확산된 증거는 적지 않으며 구체적인 내용은 다음과 같다.

서울 강남지역에서 가장 가까운 미사리유적에서는 3세기 초~3세기 중엽에 해당하는 미사리Ⅱ기부터 중도문화와 직결되는 기존의 경질무문토기 이외에 새로이 승석문이 시문된 심발형토기와 장란형토기가 나타나기 시작한다.

서울 몽촌토성 저장고 유물 출토 상황
(서울대학교박물관)

이어 3세기 후반 이후에 해당하는 미사리Ⅲ기부터는 몽촌토성에서 출토되는 것과 동일한 고배, 삼족토기, 직구단경호, 광구단경호, 광구장경호, 개, 병 등과 같은 다양한 기종이 출토되고 있다.

미사리 유적에서 나타나는 이러한 현상은 미사리Ⅲ기부터 서울 강남일대의 전형적인 백제토기가 확산되어 기존 전통의 토기를 압도해 나갔음을 의미하는 것이며 이는 곧 미사리 일대가 백제의 영향권으로 편입되었음을 나타내는 것이다.

백제토기의 남쪽으로의 확산 과정을 살펴볼 수 있는 대표적인 유적으로는 청당동유적과 송절동유적을 들 수 있을 것이다. 청당동유적은 Ⅰ~Ⅲ기까지 서울지역의 백제와는 전혀 관계가 없는 시기로서 마한에 해당한다고 판단되며, 청당동Ⅳ기부터 서울지역 백제토기가 출토되기 시작한다는 점에서 이 지역은 바로 그때부터 백제의 영향권으로 들어가게 되었다고 할 수 있을 것이다.

송절동 역시 Ⅰ~Ⅲ기는 토광목곽묘·철기·칠기 등 서북한으로 연결되는 전통을 유지하고 있지만 Ⅳ기에 해당하는 3세

서울 미사동 한양대 1호 주거지(한양대학교박물관)

기 중반부터는 기존의 토기 전통이 무너지면서 서울지역의 토기를 수용하고 있는데 이는 청당동에서 파악해 볼 수 있는 것과 동일한 상황에서 이루어진 것이라고 하겠다.

이에 반해 같은 충청지역이지만 청주 신봉동 토광묘는 주변의 송절동과 청당동 토광묘와는 어느 정도 시간적인 차이가 있는 것으로서 신봉동에서 출토된 토기들이 대부분 몽촌토성 등 서울지역 백제토기와 유사하고 산자락 낮은 곳에서 정상부로 올라가면서 이루어지는 토기 변화과정도 서울지역과 대체로 일치하고 있기 때문에 신봉동 일대의 토광묘들은 처음부터 백제와 직결되는 세력에 의해 축조되었을 것으로 추정된다.

4) 생활유적 토기와 매장유적 토기의 관계

서울 석촌동고분군과 몽촌토성은 백제 한성시대 동안 공존하면서 백

제 건국에 참여하였던 집단에 의해 각각 매장유적과 생활유적으로 활용되었다고 할 수 있다.

그러나 두 유적에서 출토되는 토기 가운데에는 서로 통하는 것도 많지만 전혀 상통하지 않은 토기가 존재하고 있기 때문에 모든 백제토기가 서로 성격이 다른 생활유적과 매장유적에서 함께 사용되었다고 말하기는 어려울 것이다.

대표적인 예로서 삼족토기는 석촌동고분군과 평행하는 시기동안 몽촌토성에서 널리 사용되었지만 석촌동고분군에서는 백제 한성시대 동안 전혀 부장품으로 사용되지 않았고 백제의 웅진 천도 이후에 해당하는 석촌동Ⅶ기에 처음으로 서울지역 백제고분에 부장되기 시작하며, 웅진·사비 지역에서는 가장 중요한 부장품이 되기 때문에 생활토기와 부장토기가 항상 일치하는 것은 아니었음을 보여 주고 있다.

이러한 현상은 토기의 변화과정을 파악하는데 있어 간과해서는 안될 사항으로서 삼족토기 이외에도 원통형토기를 비롯한 소수의 토기는 두 종류 유적간의 토기상이 크게 다르지 않은 가운데 두드러지게 구분되면서 새로운 기종의 출현 시기에 있어서 생활유적과 매장유적이 각기 크게 다르다는 것을 알 수 있게 하고 있다.

같은 지역, 같은 시대, 같은 문화에 속하면서 이와 같은 현상이 나타나는 이유는 고분 부장품과 실용품이 근본적으로 다르기 때문이 아니고, 고분 부장품으로는 종류가 다양한 실용토기 가운데 전통성이 강한 제한된 특수토기만이 사용될 뿐이기 때문인 것으로 여겨진다.

그 대표적인 예로서는 심발형토기를 들 수 있는데 이 토기는 석촌동 일대의 토광묘 뿐만 아니라 몽촌토성 내의 주거지에서도 계속 발견됨으로써 시대의 변화에 관계없이 동일 기종이 지속적으로 사용 혹은 부장되는 특수토기로 판단되는 것이다. 또한 어깨부분에 사격자문이 들어가는 구형 혹은 편구형의 직립단경호 역시 생활유적에서 출토되는 실용품이면서 고분에서도 출토되는 부장품이 된 대표적인 예가 될 것이다.

그러나 삼족토기나 원통형토기는 백제초기 한성시대에는 생활유적에서만 출토될 뿐 같은 시기의 고분에서는 전혀 출토되지 않은데 그 이유는 이들 토기가 백제 건국 이후에 새로 만들어져 사용되는 것으로서 부장용으로 쓰이는데 필요한 내부적인 전통성을 결여한 것이거나 부장품으로는 적합하지 않은 특수용도의 토기이기 때문일 것이다.

삼족토기는 백제가 공주로 천도한 5세기 후반부터는 서울지역의 토광묘나 공주·부여의 고분에서 부장품으로 사용되고 있는데 이는 얼마간의 실용품 단계를 거치면서 내부적인 전통성을 얻어냈기 때문에 부장품으로 사용되기 시작한 것으로 파악된다.

병의 경우에도 몽촌토성에서는 4세기 초부터 사용되지만 석촌동 고분군에서는 4세기 후반이 되어서야 나오기 시작하므로 50년 이상의 시간 차를 보여주는 것이다.

결국 고분 부장품은 부장용으로만 따로 제작되는 것이라기 보다는 여러 종류의 실용토기 중에서 가장 전통성이 강한 일부 토기라고 할 수 있겠고 기종에 따라 부장용이 되는 시간폭이 다르면서 시간의 변화에 따라 점차 새로운 전통을 갖춘 토기로 교체되는 것이라고 할 수 있을 것이다.

고분을 통해 본 백제 영역변천의 제문제

1. 적석총의 분포와 백제 초기의 영역 문제

지금까지 서울 강남지역을 중심으로한 중부지역 적석총에 대해 이루어진 여러 연구 성과를 검토해 보면 다음과 같이 세가지 견해로 대별된다.

① 중부지역 적석총 전부를 고구려에서 남하한 집단과 관련된 것으로 보는 견해이다. 중부지역에서 확인된 모든 적석총의 분포권 자체를 백제의 영역과 직결되는 것으로 보는 견해가 대표적이다. 한편 기본적으로는 이와 같은 맥락이지만 한강과 임진강 중상류지역의 적석총 집단은 고구려에서 먼저 남하하여 나름대로 세력을 형성하고 있었던 집단인데 이들보다 늦게 서울지역으로 내려와서 백제를 건국한 세력에게 통합되었다는 견해도 있다.

② 임진강·한강 상류지역의 적석총들을 서울 강남지역의 백제 중앙에서 파견된 지방관이나 중앙에 통합된 재지세력의 무덤으로 보는 견

해이다. 모두 백제와 관련된 것으로 보는 점에서 앞의 견해와 통하지만 고구려에서 직접 남하한 세력이 아니라 백제 중앙에서 파견된 지방관일 가능성이 높다고

서울 몽촌토성 전경(국립중앙박물관)

보는 점에서 차이가 있다.

③ 남한강유역의 적석총에 대해서는, 이 지역이 고구려·신라의 오랜 항쟁지역으로서 고구려·말갈의 남하통로인 점을 고려할 필요가 있다는 견해가 있으며, 더 구체적으로 서울 강남을 제외한 주변의 적석총들은 모두 『삼국사기』에 말갈로 표기된 예계에 속하는 것으로 보는 견해도 있다. 서울 강남을 제외한 주변지역 적석총들이 백제와는 전혀 무관하다고 보는 점에서 위의 두가지 견해와는 차이가 크다고 하겠다.

필자는 앞에서 중부지역에서 조사된 적석총들을 고구려식적석총, 백제식적석총, 말갈식적석총으로 구분하고 그 주인공을 각각 고구려계 백제 건국 주도세력, 백제 유력계층으로 변모한 한강유역 선주민, 영서 말갈세력으로 구분하였다.

이 가운데 임진강유역에서 조사된 고구려식적석총은 고구려의 이주민들이 압록강 이남지역에서 남하하여 처음 머물렀던 고고학적 증거로

서울 풍납토성 전경(서울역사박물관)

서 백제 건국 세력이 한시적이나마 임진 강유역에 정착한 적 이 있었다는 점에서 소위 하북위례성을 이 지역에 비정하는 것이 합리적일 것으 로 본다.

이들은 늦어도 3세기 중엽경에는 서울 강남지역으로 진출하게 됨으로 써 본격적인 백제 하남위례성 시대를 열게 되었다. 서울 한강유역에서 선주민과 새로 내려온 고구려계 이주민에 의해 본격적인 고대국가로서 출범하게된 백제는 선주민의 토성이었다고 판단되는 몽촌토성을 거점 으로 삼아 새로이 거대한 풍납토성을 축조하는 등 고대국가로서 갖추 어야 할 기틀을 다지는 한편 서북한의 한군현과 서남한의 마한, 동쪽의 영서말갈 등 주변 세력과의 경쟁을 통해 영역의 확장을 시도하였다고 판단된다.

백제 건국 당시의 영역이 정확히 어떠하였는지에 대해서는 단언하기 어렵지만 백제 최고지배세력이 축조하였던 적석총의 분포와 백제토기 의 발전과정을 감안하여 보면 북으로는 예성강이나 임진강, 동으로는 남한강, 남으로는 안성천을 연결하는 범위로서 그다지 넓지 않았던 것 으로 추정된다.

2. 토광묘의 변화와 백제 영역의 확대 문제

토광묘는 백제가 건국되기 전까지 서울 강남지역을 비롯하여 아산만권, 금강유역권, 영산강유역권 등 범 마한권 뿐만 아니라 진한권과 변한권에서도 사용되어 왔던 삼한지역의 공통적인 묘제로서 소아용의 옹관묘와 공반되는 점에 있어서도 상통한다.

진한권과 변한권의 토광묘는 서북한지역의 혼란 속에서 남하한 집단에 의해 축조되기 시작한 것으로 알려져 있고, 마한권의 토광묘 역시 진한권이나 변한권과는 시기적으로 차이가 있지만 구조에 있어서나 출토유물상에 있어 서북한지역의 사회 변화로 인해 파급된 것으로 볼 수 있을 것이다.

백제가 건국되었던 서울 강남 일대에서 조사된 토광묘에 대해서는 간단하게나마 앞에서 살펴본 바 있으며, 그 이남 지역의 토광묘와 백제 한성기와의 관계는 천안 청당동과 공주 장원리 유적을 비롯한 아산만권의 토광묘를 중심으로 살펴볼 수 있을 것이다.

청당동과 장원리에서는 주구를 가진 토광묘도 조사되고 있는데 전형적인 분구묘와는 상호 관계에 있어서는 불분명한 점들이 있다. 이 문제에 있어 필자는 청당동이나 장원리의 토광묘는 기본적으로 서북한지역의 토광묘와 같은 유형에 해당하면서 관창리 분구묘와 같은 전형적인 분구묘의 주구의 영향 아래 전통적인 주구묘에 주구가 부가된 것일 가능성이 높다고 생각하고 있다.

그 과정에서 비교적 평탄한 공지가 확보되는 구릉 정상부에서는 토광의 네변을 감싸는 전형적인 주구가 부가되고 평탄한 공지가 확보되지 않은 구릉사면에서는 토광 위쪽

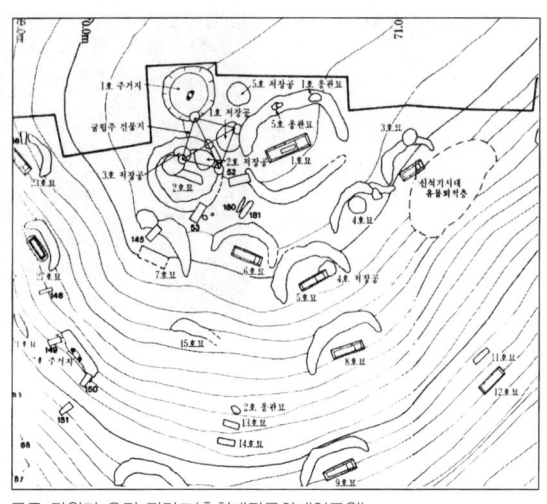

공주 장원리 유적 평면도(충청매장문화재연구원)

에만 눈썹과 같은 주구를 부가하였던 것으로 판단되는데 이러한 추정은 양자가 섞여있는 장원리 유적을 통해 입증될 수 있을 것이다.

청당동 유적의 토광묘는 앞서 백제 토기의 확산과정에서 언급한 바와 같이 3세기 말에는 기존의 토착 전통이 끊기고 서울지역 백제 토기가 출현하는 점에서 3세기 말부터는 이 지역 일대가 백제의 직접적인 영향권으로 편입되기 시작하였다고 본다.

청주를 중심으로한 미호천 일대에서는 송절동 93B-4호에서 백제 토기의 영향이 나타나며 그 다음 단계에 해당하는 신봉동 유적에서는 초기 단계부터 백제 유물들이 나타나고 있으므로 이 지역 역시 송절동 마지막 단계에 해당하는 3세기 말부터 백제의 직접적인 영향권에 들어가

기 시작하였다고 추정된
다.

당시 이러한 지역들에
대한 백제의 지배방식이
어떠하였는지에 대해서는
단언하기 어려우나 천안
화성리유적을 통해 어느
정도 유추해 볼 수 있을
것이다.

천안 용원리 유적(공주대학교박물관)

화성리의 토광묘는 기본적으로 토착적인 묘제이며 흑색토기 역시 그
러하다는 점에서 그 주인공은 마한 전통을 유지한 현지 세력자일 것이
라고 판단되지만 봉분에 있어 그 존재 여부를 파악하기 어려울 정도로
분명하지 못하다는 점 등에서 백제와 구분되는 독자적인 세력을 이루
고 있었다고 보기는 어려울 것이다. 연대에 있어서는 4세기 중엽~5세
기 초로 본다.

화성리 토광묘와 비슷한 시기에 해당하면서 이와 유사한 성격을 가진
오석리, 분강 · 저석리, 송대리, 용원리 등 인근 지역에 분포하는 토광
묘 역시 대규모 고분으로의 발전이 이루어지지 못하였다는 점은 그 주
인공들이 화성리 유적의 예와 마찬가지로 백제의 지배 아래 편입된 상
태에서 더이상 독자적인 세력으로 발전하지는 못하였음을 말해준다고
생각된다.

3. 분구묘와 백제의 관계 문제

서울 강남지역에서 한성 백제가 출범하는 3세기 중엽 당시 마한권에서는 전통적인 토광묘가 사용되는 한편 분구묘가 성행하였다. 관창리 유적을 대표로 하는 분구묘는 기원전후경에 해당하는 영광 군동 토광묘가 정연한 주구를 가지고 있다는 점에서 그보다 앞선 시기에 등장해서 아산만권 이남의 금강 중하류지역에서 영산강유역에 이르는 저평한 구릉지대에 급속히 확산되었다고 본다.

그 기원에 대해서는 아직 단언할 수 없지만 주매장시설이 지상의 분구에 안치되었다는 점과 분구나 주구에 추가장이 이루어지면서 다장묘로 변화한다는 점에서 당시 다른 지역에서는 찾아보기 어려운 독특한 묘제로서 이후 마한의 대표적인 묘제로 발전하였다고 생각된다.

천안 두정동고분을 비롯하여 익산 율촌리고분, 완주 상운리고분, 함평 만가촌고분 등 4세기대까지의 고분들은 분구가 그다지 높지 않은 반면, 나주 신촌리 9호분을 비롯한 영산강유역권의 5세기대 대형 옹관묘들은 상당한 높이의 분구를 가지고 있는데 이는 추가

천안 두정동 분구묘(공주대학교박물관)

장과 관련된 분구
의 변화에 있어 4
세기대까지는 수평
적인 분구확장이
이루어지다가 그
이후에는 수직적인
분구확장이 이루어
졌기 때문이다.

익산 율촌리 분구묘(원광대학교박물관)

가락동 1·2호분
을 비롯한 서울 강남지역의 즙석분구묘 역시 주구의 존재 여부에 대해
서는 보고된 바 없지만 수평적인 추가장이 이루어졌을 가능성이 높다
는 점에서 기본적으로 마한지역의 분구묘와 상통하는 것이기 때문에
앞으로 경기도 일대에서도 비슷한 유형의 무덤들이 조사될 가능성이
높을 것으로 생각된다.

관창리유적을 비롯하여 분구묘가 조사되는 충청 서남부와 전라 서북
부지역에서는 4세기중반까지도 백제의 직접적인 지배력이 미쳤다고 볼
수 있는 자료는 나타나지 않고 있다.

서천 오석리 유적의 경우 양이부호를 비롯한 다양한 유물들이 출토되
었는데 이를 백제 한성기의 특징으로 본 견해가 있지만 오석리 유적에
서는 3세기 후반~4세기 초반에 해당하는 전라 서부지역의 분구묘에서
출토되는 일반적인 토기 조합상을 보여주고 있을 뿐 한성시기 백제 유

천안 오석리 출토 토기(공주대학교박물관)

물상과는 전혀 다르다.

그러나 서로 병행하는 시기에 영암 시종이나 함평 만가촌과 같은 대형고분군이 조성되기 시작하는 영산강유역권과 달리 이 지역에서는 대규모 고분군의 존재가 드러나지 않기 때문에 영산강유역권에 버금가는 독자 세력의 존재를 인정하기는 어렵다고 본다. 이미 백제의 직접적인 영향 아래에서 토착세력의 성장이 규제되고 있었다고 보는 것이 옳을 것이다.

대전 용산동에서 조사된 주구토광묘에서는 5세기 전반대로 추정되는 백제토기들이 출토되고 있어 이 지역으로 백제가 남진하는 과정을 살펴볼 수 있는 자료가 될 수 있을 것이다.

4. 석곽묘와 백제의 관계 문제

석곽묘에 대해서는 적지 않은 연구를 통해 백제와 구분되는 토착세력에 의해 4세기대부터 시작된 것으로 알려져 왔고 그 기원에 대해서는 몇가지 논의가 있었지만 화성 백곡리와 마하리, 천안 용원리 등지에서 조사된 초기 단계의 석곽묘를 통해 기존의 토광묘(목곽묘)에서 발전한

화성 마하리 고분군(호암미술관)

것이라고 인식되고 있다. 김해 칠산동고분군의 예를 보듯이 가야지역에서도 토광과 목곽 사이의 공간을 돌로 채워나가는 과정에서 석곽이 형성되었다는 점에서도 쉽게 납득될 수 있을 것이다.

그러나 마하리 유적의 경우에는 토광 바닥에 횡가목으로 받쳐진 목관이 안치되고 난 다음 목관에서 일정한 간격을 두고 석곽을 쌓아 가면서 일부 돌은 길게 돌출시켜 목관이 움직이지 않도록 지탱하였으며 상부로 올라가면서 벽을 내경시킴으로써 목관의 폭보다 천정부 폭이 더 좁아지게 축조하였다는 점에서 가야지역 석곽묘와는 다르

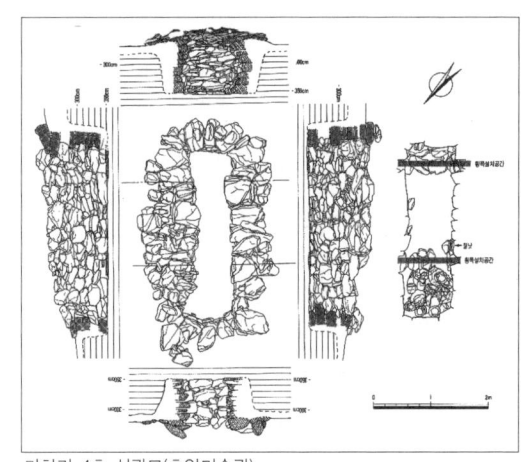
마하리 4호 석곽묘(호암미술관)

다. 따라서 이러한 구조에 있어서는
천정부를 비롯한 벽면 일부가 지상으
로 올라왔을 가능성이 높으며, 화성
백곡리 고분의 경우에는 구릉의 정상
부를 따라 열을 짓고 있다는 점이 일
부 가야권의 특징과 상통한다고 할
수 있다.

천안 용원리 9호 석곽묘(공주대학교박물관)

이와 같은 새로운 유형의 석곽묘들
은 그동안 잘 알려져 있는 논산 표정
리 유적이나 인근의 모촌리 유적과
마찬가지로 백제와는 무관한 독자적
인 세력에 의해 조성되었을 가능성은 대단히 낮으며 5세기대의 백제 삼
족토기가 출토되는 익산 웅포리 유적의 예를 통해 볼 수 있듯이 이미
백제에 편입된 상황에서 이루어진 제한적인 발전의 결과였다고 해야
할 것이다.

천안 용원리유적의 경우 능선 정상부를 따라 토광묘와 혼재되어 있는
데 독립적으로 위치한 석곽묘에서는 4세기 말~5세기 초에 해당하는 중
국의 천계호를 비롯한 환두대도, 마구 등 다양한 부장품이 출토되고 있
다.

그 주인공은 기존 토광묘 세력권의 수장이면서 차등화된 석곽묘에 묻
힌 것으로 보는 것이 타당할 것이지만 어떠한 과정에서 그러한 유물들

이 사용되고 부장되었을 것인가에 대해서는 여러 가지 검토가 필요할 것이다.

광의의 마한에 속해 있었던 경기, 충청 서부의 토광묘 세력권에서 중국 도자기들이 출토되는 점은 이 지역이 백제에 편입된 후 관리 차원에서 이루어진 백제 중앙의 사여라는 관점에서 이해되는 것이 일반적이다.

그러나 그러한 유물들은 백제 중심지에서도 흔치 않기 때문에 백제의 영향 아래 들어가 있다고 하더라도 지역 유력자들이 일정한 범위에서 나름대로 독자적인 세력권을 이루고 있으면서 자체 역량으로 입수하였을 가능성을 배제해서는 안될 것이다.

5. 석실묘와 백제의 관계 문제

그동안 백제 한성기에 횡혈식석실묘가 사용되었는지에 대해 적지 않은 논의가 이루어진 바 있다. 근년에 조사된 공주 분강·저석리, 화성 마하리, 청주 주성리, 청주 신봉동, 청원 부강리, 원주 법천리, 익산 입점리 등의 석실묘에 대해 공주 천도 이전에 해당하는 것으로서 한성백제 주변지역에서 먼저 석실묘가 도입되었다는 견해가 나온 바 있고, 석실묘가 새로운 도읍지인 웅진에서 나타나 점차 발전을 거친 것이 아니라 다른 지역에서 충분한 발전을 거친 다음 천도와 더불어 웅진지역으로 이입된 것으로 보는 견해도 나와 있는데 모두 백제 한성기 석실묘의

원주 법천리 고분군(국립공주박물관)

도입 배경을 이해하는데 있어 매우 중요한 견해들이다.

먼저 석실묘의 기원 문제에 있어서는 서울 가락동이나 방이동의 석실묘가 백제의 것인지 아닌지와는 무관하게 기존의 낙랑전축분기원론이 타당하다고 생각된다.

초기 석실묘의 주체 문제에 있어서는 이 석실묘들이 백제 웅진기 이후의 석실묘들과는 달리 군집되지 않고 토광묘, 석곽묘 등 기존의 고분들과 공존하고 있다는 점이 중요할 것이다.

공주 수촌리에서는 석실묘의 침향이 일정하지 않다는 점과 토광목곽묘, 횡구식 석실묘와공존한다는 점, 1호목곽묘와 2호목곽묘, 4호석실묘와 5호석실묘의 피장자

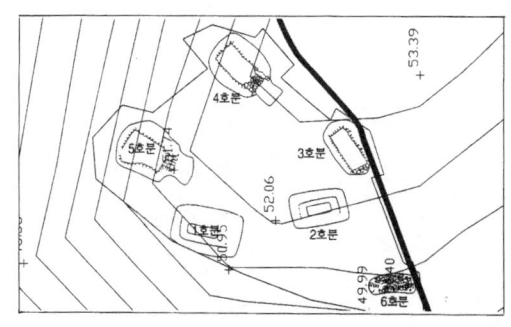

공주 수촌리 고분군(충남역사문화원)

들이 부부로 추정되는 점 등에서 이 유적의 주인공들을 현지 토착세력이라고 보고 있는데 이는 매우 타당한 견해이다.

이러한 유형의 석실묘들은 백제 웅진기의 석실묘와는 달리 여러기가 군집되지 않고 토광묘, 석곽묘 등 기존의 다른 무덤들과 공존하면서 비교적 짧은 기간동안 광범위한 지역에서 산발적으로 나타나고 있다는 점에서 각 지역별로 상당한 세력을 이끌고 있었던 지역 수장들이 그 주인공이었다고 할 수 있을 것이다.

4세기 후반 이후 한성 백제 외곽지역에서 횡혈식석실묘가 출현하는 배경에 대해서는 백제의 영역화 진행과정에서 주변지역의 토착 수장계층을 일반 성원과 구분하여 백제 중앙과의 관계 속에 편입시킴으로써 그들을 통해 토착사회를 간접지배하려고 했던 것으로 보는 견해가 제시된 바 있다.

이와 비슷한 맥락에서 한성시대 석곽묘가 한성 백제의 복속지역 확대와 관련된 것이라면 석실묘는 복속지역에 대한 지배력의 강화를 의미하는 것으로 본 견해도 있다.

공주 저석리 석실묘(공주대학교박물관)

그러나 당시 백제 중앙에서는 횡혈식석실묘가 사용되지도 않았는데 지방세력자를 중앙에 편입시킨 근거로 횡혈식석실묘를 제시하는 것은 설득력을 갖기 어렵다. 이 문제에 있어 필자는 당시 한성 백제 중앙에서 고구려식적석총을 비롯하여 백제식적석총, 즙석분구묘 등 다양한 유형의 고분들이 축조되는 상황에서 지역권의 수장급 사이에서도 새로운 유형의 고분을 쓰는 변화가 일어나게 되었고 그러한 변화의 결과물이 석곽묘나 석실묘였다고 본다.

특히 낙랑지역 전축묘의 영향 아래 시작된 새로운 석실묘는 추가장이 가능한 획기적인 시설로서 백제 중앙의 직접적인 통제에서 어느 정도 벗어나 있는 지역권의 수장들 사이에서 유행하게 되었고, 금동제품, 마구, 도자기 등과 같은 새로운 문물의 수용도 경쟁적으로 이루어졌을 가능성이 높다고 생각하고 있다.

중국계 문물의 보급에 있어서는 낙랑, 대방 고지에 남아있던 중국계 주민들이 중요한 역할을 하였을 가능성이 지적된 바 있는데 이미 토광묘나 석곽묘 단계에서 중국 문물을 도입하였다는 점을 감안하여 보면 중국 문물을 도입하는 과정에서 추가장이 가능한 현지의 전축묘를 알게 됨으로써 이를 석실묘로 번안하였을 가능성은 더욱 높다고 할 수 있을 것이다.

한편 백제의 웅진 천도 직후에는 웅진권을 비롯한 각 지역권의 유력자들에 대한 백제 중앙의 통제력이 약화되면서 지방세력 사이에서 자신들의 위상을 높이기 위한 새로운 노력이 있었다고 생각된다. 석실묘의 채택 이외에도 금동관이나 금동신발과 같은 최고 권위의 상징물을 향유하는 것은 바로 그러한 노력의 결과였다고 추정된다.

그러나 고고학적으로 보아 그러한 노력은 일시적인 것이었을 뿐 지속되지는 못하였던 것으로 판단된다. 5세기 말~6세기 초에 들어 그러한 유형의 석실묘와 부장품들이 더 이상 지속되지 못하고 있는데 이는 정치적으로 안정을 되찾은 백제의 강력한 규제가 뒤따랐기 때문일 것이다.

익산 입점리의 경우 석곽묘인 98-1호가 가장 높은 평탄면에 자리잡고 있는 반면 5세기 후엽경으로 추정되고 있는 석실묘는 그 아래 경사면에 등고선 방향으로 자리잡고 있기 때문에 그 주인공은 현지 세력자라는 것이 정설이다.

필자는 영산강유역권을 제외하면 금동관을 낸 익산의 입점리 1호분이 당시 백제권의 가장 남쪽에 위치하면서 5세기 후엽경에 해당한다는 점에서 백제의 웅진 천도 직후 백제의 통제력이 약화된 상황에서 일시적이나마 독자적인 세력화를 도모하였던 토착세력자일 가능성이 높다는 견해를 낸 바 있다.

한성기 최고 지배세력의 묘제가 적석총이었다가 웅진 천도후 지방에서 이미

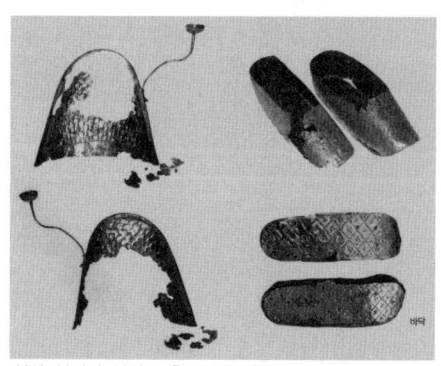

익산 입점리 석실묘 출토 금동관모와 금동신발(국립문화재연구소)

사용되고 있었던 석실묘로 바뀌는 배경에 대해서는 지배집단의 공동체적 유대가 피지배집단에 비해 상대적으로 늦은 것을 반영한다는 견해가 있지만 필자는 다음과 같은 2가지 가능성을 검토해볼 필요성이 있다고 생각한다.

첫째, 한성기 최고지배세력이 남하하여 여전히 웅진기 최고지배세력이 되었다면 현지 토착세력이 사용하고 있던 석실묘를 채택하였다는 점에서 토착세력의 영향력이 커지고 최고지배세력의 위상이 상대적으로 낮아졌다고 보아야 할 것이다.

둘째, 한성기 최고지배세력이 웅진기의 최고지배세력으로 이어진 것이 아니라 석실묘를 쓰고 있었던 현지 토착세력이 최고지배세력으로 부상하였다면 그들이 사용하고 있었던 석실묘가 지속되는 것은 당연한 일이었을 것이다.

이 두 가지 중에서 어느 가능성이 더 높을지에 대해서는 현 시점에서 단언하기 어렵다. 그러나 웅진기 초기 왕들이 몇 년 사이에 계속해서 교체되었다는 문헌 기록 내용과 최고지배세력의 주묘제가 전통적인 적석총 대신 현지 토착세력이 사용하고 있었던 석실묘로 바뀌게 되었다는 점을 고려해 볼 필요가 있을 것이다.

이러한 점을 고려해 본다면 한성기 지배세력이 남천하여 웅진기의 지배세력을 형성하였다고 하더라도 그 영향력은 그다지 크지 않았고 상대적으로 현지 토착세력들의 위상이 높았을 것으로 보는 것은 결코 무리한 추정이 아닐 것이다.

6. 서울지역 석실묘의 문제

1) 구조와 출토유물

서울 가락동과 방이동에서 조사된 석실묘들은 모두 8기로서 그 중 1기만이 일제강점기에 조사되었고 나머지 7기는 1975년과 1976년에 발굴된 것이다. 이 석실묘들은 8기 모두 산경사면이라는 입지와 원형이라는 봉분형태에 있어서는 똑같고 석실의 구조와 규모, 출토유물 면에서 차이를 보일 뿐이다.

평면형태에 있어서는 방형과 장방형으로 나누어지며, 연도는 위치에 따라 우편형, 중앙형, 좌편형으로 나누어진다. 천정의 형태는 정확히 구분해 내기가 어렵지만 궁륭형이거나 궁륭형으로 추정되는 것과 맞조임형인 것으로 구분된다.

시상은 장방형의 방이동 1호분과 방형의 가락동 6호분에 국한되어 설치되었고 다른 6기의 석실묘에서는 찾아볼 수 없다. 석재는 판석을 쓴 예는 없고 부분적으로 다듬기는 하였으나 할석이 이용되고 있으며, 이들 할석들의 축조 상태는 정연하지 못한데 가락동 3호분·방이동 4호분에서는 석실과 연도 벽면에 회를 칠한 사실이 밝혀져 있다.

규모는 방형평면의 경우에는 1변이 1.9~3.7m이고, 장방형평면의 경우에는 장변 길이 2.8~3.25m이면서 장단의 비가 1.23~1.36에 해당한다. 이러한 규모는 석실묘로서는 중·대형이라 할 수 있는데 장방형 석실에 있어 장단변의 비가 작은 편이어서 1.7~2.0의 비를 갖는 일반적인 장방형 평면으로 보기는 어렵다.

　일반적으로 한강 이남지역 석실묘의 원류는 고구려 석실묘에 있다고 보고 있는데 고구려에서는 정방형 석실에 궁륭형 천정을 가지고 연도가 동쪽으로 몰려 있는 우편형 석실묘가 낙랑 전축분의 전통을 이은 고식으로 추정되고, 궁륭형 천정 대신 말각조정을 가지면서 연도가 중앙에 달린 중앙형 석실묘가 중기에서 후기에 걸쳐 유행한 것으로 파악되고 있다.

　구조적으로 보아 서울지역에서 가장 빠르다고 인식되는 가락동 3호분은 그와 비슷한 유형이 대덕 주산리와 합천 저포리 E구, 경주 황성동 등지에서도 조사되면서 6~7세기의 늦은 시기의 것으로 밝혀지고 있고, 가락동 3호분의 출토유물 역시 6세기 중엽 이후의 단각고배이기 때문에 이 가락동 3호분을 백제 한성시대 말기의 고분으로 보기는 어려울 것이다.

　더 나아가 방이동 1·4호분 등 방형 혹은 방형에 가까운 장방형 석실에 중앙형 좌편형 연도와 궁륭형 천정을 갖는 것은 공주·부여 등 백제지역에서는 찾아볼 수 없고, 오히려 충효리고분군, 서악리 석실묘, 쌍상분 등 경주일대와 합천 저포리 E구 6호분 등 경주 주변지역에서 조사되고 있어서 방이동 1·4호분 역시 출토유물과 함께 백제에 속한다고 하기 어렵다.

　가락동·방이동 석실묘 출토 토기 가운데 백제토기로 볼 수 있는 것은 없다. 가락동 3호분 출토 병은 백제토기의 특징을 가지고 있지만 공

반되는 단각고배와 함께 가야지역에서도 출토되는 것이어서 백제와의
관련성보다는 가야와의 관련성이 더 크다.

2) 고분의 성격

앞에서 석실의 구조와 출토유물을 통해 가락동·방이동의 석실묘 8기
는 백제 초기 한성시대와 연결될 가능성이 거의 없음을 지적하였다. 따
라서 이들 석실묘는 백제의 공주 천도 이후 서울 지역이 삼국의 각축장
으로 변했던 시기에 축조된 것이라고 볼 수 있을 것인데 역사적으로 서
울지역은 475년 고구려에 점령된 이후 잠시 백제에 의해 탈환되었다가
553년부터는 신라에 의해 지배되었던 사실을 감안할 필요가 있을 것이
다.

한강유역에서 찾아볼 수 있는 고구려의 유적은 춘성군 방동리의 석실
묘 2기와 신매리의 석실묘 1기, 서울 구의동유적과 아차산 보루유적 등
이 있다. 유물로는 몽촌토성의 폐기 이후에 나타나고 있는 고구려 토기
가 있을 뿐 가락동·방이동의 석실묘에서 출토된 유물은 고구려와는
무관하다.

그렇다면 결국 가락동·방이동의 석실묘와 그 출토유물은 6세기 중엽
신라에 의한 한강유역 진출 이후에 해당하는 것으로 보아야 할 것인데
출토유물을 통해 볼 때는 6세기 중엽에서 6세기 말에 해당될 뿐 그 이
후의 것으로 추정되는 예는 없다.

지금까지 살펴본 바와 같이 이들 고분은 신라 진흥왕의 한강유역 진

출로 말미암은 것임은 의심의 여지가 없을 것이지만 축조 집단에 대해서는 몇가지 점을 생각하게 한다.

앞서 구조와 유물의 검토에서 언급되었던 바와 같이 가락동·방이동의 석실묘는 그 구조에서 볼 때 경주 중심지의 석실묘와 관련되어 있음을 배제할 수는 없지만 경주 중심지역 보다는 오히려 주변지역과의 관련성이 더욱 크고 출토유물 역시 그러하다. 따라서 가락동·방이동 고분의 주인공은 신라 중심지역의 인물이라기 보다는 주변지역의 인물로 보는 것이 타당할 것으로 판단된다.

그렇다면 신라는 국운을 걸었던 한강유역으로의 진출 이후 이 지역에 대한 실제적인 경영을 지방귀족에게 의존하였을 가능성이 높다고 할 수 있겠고 그것은 가야계 주민이라 할 수 있는 지방귀족에 대한 관리정책의 일면을 말해준다고 할 수 있을 것이다.

그러나 신라는 이들 지방귀족에게 한강유역 관리에 대한 전권을 맡기지는 않고 별도로 중앙귀족을 파견하여 이들을 지휘하였을 가능성이 높을 것이다. 중앙귀족은 최상급 관리자로서 현지에 파견되지만 나중에 중앙으로 다시 진출하거나 현지에서의 사후에는 경주로 돌아와서 묻혔고 이들 중앙귀족보다 낮은 신분에 해당하는 지방귀족들은 현지에 계속 거주하면서 가락동·방이동의 석실묘를 남기게 되었을 가능성이 높은 것이다.

아울러 서울 가락동·방이동에서 조사된 고분들이 6세기 중엽에서 6세기 말 사이에 걸치는 짧은 기간동안 축조된 것으로 추정되면서도 다양한 유형의 석실들이 공존하고 있다는 사실로부터 이 석실묘들이 경주 주변의 여러 지역에서 올라온 지방귀족의 무덤이었을 것이라는 해석도 가능하게 한다.

이와 같은 해석은 서울 일원 뿐만 아니라 진흥왕의 영토 확장 이후 신라영역이 되었던 경기도 양평군 단석리와 충남 대덕군 주산리 등지에서 6세기 말~7세기 초에 이르는 신라고배가 출토되는 석곽묘가 발견되고 있다는 점을 보더라도 납득할 수 있을 것으로서 신라의 변경지역 관리에 대한 지방귀족들의 역할을 짐작하게 하는 것이다.

지금까지 살펴본 바와 같이 서울 가락동·방이동의 석실묘들이 모두가 신라의 한강하류지역 진출 이후에 해당하는 것이라면 서울 지역에는 백제 석실묘가 전무한 셈이 되므로 백제 한성시대에 최고 지배 계층에서는 적석총만 사용하다가 공주 천도 이후부터 적석총에서 탈피하여 석실묘를 쓴 것으로 보아야 할 것이다.

최근 공주 송산리 고분군에서 발굴된 바 있는 적석총은 송산리 고분군의 가장 높은 지점에 위치하는 점에서 백제 한성시대의 적석총이 공주로의 천도 직후에만 상징적으로 사용되었음을 의미한다고 생각되는데 이는 곧 공주 천도 이후부터 석실묘를 사용하기 시작하였음을 방증해 주는 중요한 자료라고 판단된다.

그러므로 백제는 정치적으로 웅진으로의 천도라고 하는 큰 변화를 겪으면서 현지 석실묘의 채택이라고 하는 문화적인 변화가 수반된 것으로 생각된다.

7. 호남지역 석실묘의 문제

　금강 이남의 호남지역, 특히 전남지역은 백제의 중심권에서 가장 멀리 떨어져 있는 지리적인 배경과 함께 고고학적으로 백제 건국 이후에도 상당한 기간 동안 백제 중심지와는 크게 다른 면모를 보여주고 있다는 점에서 백제로 병합된 시기와 과정에 대한 문제가 논의의 초점이 되어 왔다.

　이 문제에 대한 일반적인 견해는 전남지역에서 5세기 후반대부터 석실묘가 축조되기 시작하는 점에 주목하여 백제에 의한 전남지역의 직접 통치는 5세기 후반대에 이루어졌으며 4세기 중엽부터 5세기 중엽까지는 토착세력의 지배권을 어느 정도 인정해 주는 간접지배 방식을 취했을 것으로 보는 것이었다.

　이와 같은 견해는 『일본서기』 신공기 49년조의 관련 기사를 백제가 마한을 완전히 병합한 것으로 이해한데서 출발한 것으로서, 이에 근거하여 백제 근초고왕 24년(369년)에 전남지역의 마한사회가 해체되었다는 전제 아래, 5세기대까지 지속되었던 토착 옹관묘의 발전은 백제의 간접지배 아래에서 이루어진 지역적 특징이며 백제가 공주로 천도한 5세기 후반경부터 중앙에서 파견된 관리에 의해 석실묘가 도입되었다는 것으로 요약된다.

　그러나 이와 같은 결론 도출 과정에 있어 결정적인 역할을 하였던 『일본서기』 신공기 49년조에 등장하는 투항 소국들이 전남지역에 해당하는 것이 아니라 전북 지역에 국한된 것이라는 새로운 해석이 대두된 바 있고, 전남지역에 새로이 등장한 석실묘의 피장자는 백제에서 파견된 관리가 아니라 옹

나주 복암리 3호분 '96호 석실 내부

관을 쓰던 토착 지배세력이었을 것이라는 의견이 제기되기도 하는 등 백제의 전남지역 진출과 관련된 문제는 여전히 해결해야 할 과제로 남아 있었다.

이러한 사정 속에서 1996년 8월, 나주 복암리 3호분의 한 석실에서 대형 옹관 4기와 금동신발 한켤레가 나옴므로써 영산강유역을 중심으로 한 전남지역 초기 단계 석실묘의 피장자 문제 뿐만 아니라 이 지역이 백제에 복속된 시기에 대해 본격적으로 재검토해 볼 수 있는 중요한 계기가 마련되었다.

1) 전북지역의 석실묘

(1) 석실묘의 분포

지금까지 전북지역에서 조사된 석실묘 유적의 분포를 보면 서해에 면

해 있는 금강·만경강·동진강 등 대하천 중하류지역의 낮은 산지에 분포하는 것과 동부 내륙의 대하천 상류지역에 분포하는 것으로 대별할 수 있다.

그 가운데 집중적인 분포지역은 서부 평야지대의 익산, 정읍 일대와 동부 내륙의 남원 일대라고 할 수 있는데 이러한 현상은 석실묘가 등장하기 전에 성행하였던 다른 묘제의 분포상과도 거의 일치한다고 할 수 있다.

전북 서부지역은 석실묘 등장 이전까지 토광묘·옹관묘·석곽묘가 고루 분포하는 반면 전북 동부지역은 석곽묘가 집중 분포하는 차이를 보여주고 있는데, 특히 남원을 비롯한 동부지역은 금강·섬진강·남강 수계권이 인접한 지역으로서 매우 복잡한 양상을 보여주고 있다.

금강수계권은 동부 산간지인 무주·진안·장수 등지에서 발원하여 대전·공주·부여를 거치는 지역과 논산지역의 2개 권역으로 구분되는데 금강의 두 지류는 강경에서 합류하여 익산·군산을 거쳐 서해로 나간다. 금강수계권 상류지역에는 장수 송천리에 백제 석실묘가 있으며, 군산·익산 등 하류지역에는 상당수의 백제 석실묘가 있다.

금강수계는 아니지만 서해로 유입되는 만경강과 동진강유역에도 백제 석실묘들이 분포되어 있다. 섬진강수계권은 남원·진안·임실·순창지역에 해당하며 남원 초촌리와 임실 운정리에서 백제 석실묘들이 조사되고 있다.

남강수계권은 남원 운봉과 아영 지역이며 두락리가 대표적인 유적이라 할 것인데 두락리 석실묘는 백제보다는 가야와의 관련성이 더 높은 것으로 알려져 있다.

전북지역 석실묘의 입지를 보면 대부분 산록 경사면에 위치하고 단면 6각형의 평사천정이나 단면 사각형의 평천정 석실이 지하에 있다. 한편 정읍 운학리에서는 3기의 고분이 낮은 구릉상에 일렬을 이루고 있으며 석실이 분구 정상부쪽에 위치한 지상식인 점이 주목되는데 그와 이웃한 은선리고분은 산록 경사면에 위치하면서 주로 단면 6각형 평사천정의 지하석실을 가지고 있는 점과 큰 차이를 보이고 있다. 이는 운학리 고분이 일반적인 백제 석실묘와는 다른 계통임을 말해주는 것으로서

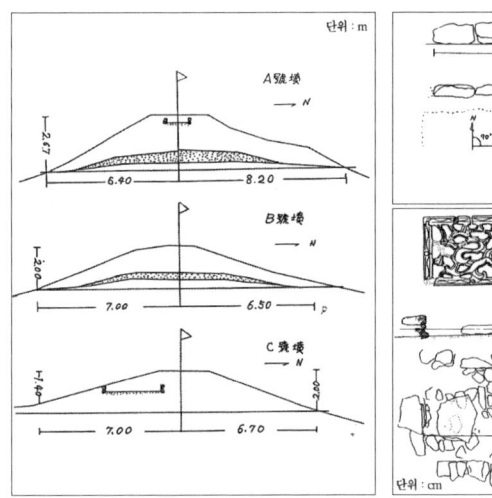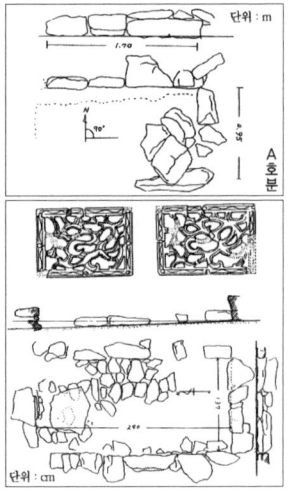

정읍 운학리 고분과 출토 유물(전영래, 1994)

이에 대해서는 후술하도록 하겠다.

정읍 지사리고분 역시 수혈식으로 추정되지만 비교적 큰 분구를 가지고 있으면서 분구 정상부에 석곽이 위치한 점에서 다른 석곽묘나 백제 석실묘와는 구분되며 정읍 운학리고분을 비롯한 전남지역 초기 단계의 석실묘들과 상통한다.

분구 형태에 있어서는 익산 입점리고분과 쌍릉 등 확인되는 분구는 모두 원형으로 파악되고 있으며 석실은 분구의 중앙부에 위치한다. 그러나 정읍 운학리 C호의 경우 분구 정상 중심부에서 동남으로 1.5m 떨어진 지점에 수혈식으로 추정되는 석곽이 안치되어 있기 때문에 석곽이 지상의 분구에 위치한 점과 함께 백제 석실묘와는 이질적인 면을 보여주고 있다.

분구 규모에 있어서는 10m 미만, 15m 내외, 25m 내외, 35m 내외급으로 구분해 볼 수 있을 것으로 보이는데 옥구 장상리에는 6~7m 내외 규모의 석실묘들이 모여있고, 익산 입점리 1호와 정읍 운학리고분들은 15m 내외, 정읍 지사리는 수혈식으로 추정되지만 15m, 25m, 35m 내외의 3개 그룹으로 구분되며, 익산 쌍릉 중 대왕릉은 30m, 소왕릉은 24m로 추정되고 있다. 그리고 남원 월산리와 두락리 등 남강권역에서 20m 내외 규모의 고분들이 보인다.

분구 규모는 출토유물과 함께 피장자의 신분과 직결되는 중요한 요소라고 하겠는데 전형적인 백제 석실묘의 경우 백제 무왕과 왕비의 능으로 추정되기도 하는 익산 쌍릉을 제외하면 모두 15m 미만의 소형급으로서 그 피장자의 사회적 위치를 짐작해 볼 수 있을 것이다.

한편 30m 내외 규모의 대형 고분들이 정읍 일대에 분포되어 있지만 내부시설이 수혈식 석곽이라는 점에서 백제와는 구별되는 세력의 존재를 말해주고 있으며, 20m 내외 규모를 가진 남강권역의 석실묘는 가야권에 해당하는 것으로 파악되고 있다.

(2) 석실의 구조

전북지역의 석실묘는 일반적으로 천정 형태에 기준을 둔 백제 석실묘의 유형 분류에 따라 구분되고 있다. 즉 궁륭식 석실묘는 입점리 1호가 대표적이며 할석으로 축조된 방형 평면의 석실에 우측 연도를 가진 점에서 흔히 공주 송산리 4·5호분과의 유사성이 지적되고 있다. 맞조임식은 전주 평화동·익산 웅포리 10호·남원 초촌리·옥구 장상리·정읍 은선리 등 넓은 지역에서 발견되고 있다.

또한 적지 않은 수에 달하는 횡구식은 맞조임식에 해당하는데 기존의 석곽묘에 백제 횡혈식 석실 요소가 가미되어 변화되었을 가능성이 높다고 보고 있다.

단면 6각형의 평사천정 석실은 익산 쌍릉·전주 덕진동·완주 둔산리·옥구 장상리·정읍 은선리 등지에서 발견되는데 부여지역에서 유행한 판석식 석실과 거의 똑같은 형식이다.

단면 4각형의 평천정식은 전주 여의동·고창 중월리·익산 웅포리·남원 초촌리 등지에서 조사된 것인데 할석식과 판석식이 섞여 있으며

할석식은 수혈식석곽의
전통에서, 판석식은 백
제 중심지역과 마찬가
지로 단면 6각형 평사
천정의 백제 석실에서
발전된 것으로 보기도
한다.

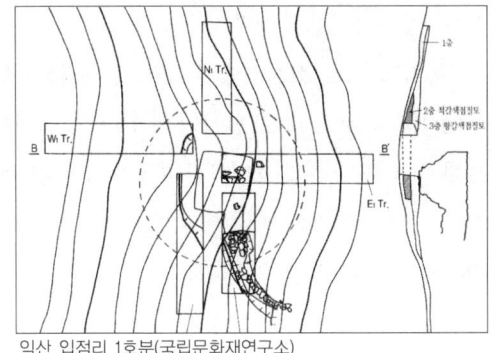

익산 입점리 1호분(국립문화재연구소)

한편 남강수계에 위치
한 두락리 2호분의 경우 석실 구조에 있어서 할석식 장방형 평면에 역
기역자형의 길다란 연도가 붙고 석실에 회가 부가되며 가야계 유물이
출토되는 등 고령 고아동 석실묘와의 유사성이 높은 가야계 석실로 보
는 것이 일반적이다.

운학리고분과 지사리고분 등 정읍 일대의 고분들은 분구 규모가 대형
급이면서 분구 정상부에 수혈식 석곽이 위치한 점에서 백제 석실묘와
는 구분되며 오히려 백제 석실묘 이전에 성행하였던 수혈식 석곽묘와
통하는 점이 있다.

그러나 일반적인 수혈식 석곽묘는 야산 경사면에 등고선과 나란한 방
향으로 지하에 축조되고 있는데 반해 전북 서남부지역의 고분들은 낮
은 구릉 정상부의 거대한 분구 윗부분에 수혈식 석곽이 축조된 점에서
차이가 있다.

(3) 석실묘의 연대와 성격

전북지역 석실묘의 연대 문제에 있어서는 모든 석실묘들이 석곽묘에 이어 등장하는 것으로 인식되고 있다. 즉 4세기대부터 5세기 중엽까지 수혈식 석곽묘가 축조되다가 5세기 후반경부터 입점리 1호분과 같은 횡혈식 석실묘가 서서히 채용되면서 수혈식 석곽묘는 횡구식 석곽묘로 발전하고 횡혈식 석실묘는 6세기 중엽경부터 백제 중앙에서 변천해 나갔던 석실묘의 변화와 일치한다고 보는 견해가 일반적일 것이다. 그런데 전북지역은 지형적인 면에 있어서 매우 복잡한 양상을 보여주고 있기 때문에 보다 세분해 볼 필요가 있을 것이며 수계별로 구분해 보는 것이 좋을 것으로 생각된다.

금강수계권에서는 4~5세기대에 석곽묘가 성행하였다. 특히 최상류 장수지역에 많은 석곽묘가 분포하며 특히 장수 삼봉리고분은 대형급에 속하는데 주로 가야계 유물들이 출토된다.

그러나 그 인근의 송천리에서 6세기 중엽으로 추정되는 백제 석실묘들이 삼족토기와 함께 조사되고 있다. 이와 같은 현상은 이 지역이 백제 중앙에서 내륙을

장수 삼봉리 석곽묘(군산대학교박물관)

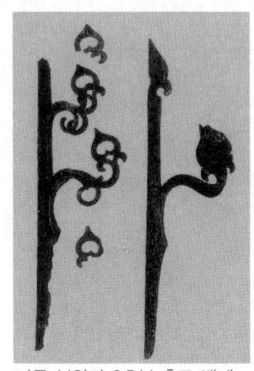
나주 복암리 3호분 출토 백제
은제화형장식

따라 가야로 연결되는 길목으로서 전략적으로
중요하다는 사실과 함께 백제의 가야 진출을
위한 본격적인 활동과 무관한 것이 아님을 말
해줄 것이다.

군산·익산 등 하류지역에는 토광묘·옹관
묘·석곽묘·석실묘가 혼재하는데 군산 조촌
동에는 동일한 묘역에 3세기대의 토광묘에서
부터 6세기대의 석실묘까지 뒤섞여 있어서 다
양한 묘제의 변천이 같은 집단 안에서 이루어

졌을 가능성을 보여주고 있다.

섬진강수계에서는 임실 운정리와 남원 초촌리 일대에 다수의 석실묘
가 알려져 있는데 남원 초촌리 인근의 척문리 석실묘에서 은제화형관
식이 출토된 바 있다. 은제화형관식은 부여 하황리와 나주 흥덕리, 복
암리 등지에서도 출토된 바 있으며 모두 거의 동일한 유형에 해당하는
데 중국의 『주서』·『수서』 등에 백제의 육품 나솔 이상의 계급에서 사
용하였다는 기록이 있고 6세기 후반대부터 사용되는 것으로 파악되고
있다.

이는 이 일대가 6세기 중엽 이후 금강상류를 통해 섬진강상류와 연결
되는 백제의 가야지역 진출과 관련된 전략적 요충지가 되었음을 말해
줄 것이다.

남강수계권에는 남원 두락리 석실묘가 대표적인데 6세기 중엽경의 대

형 석실묘로서 고령 고아동 석실묘와 유사성이 높다는 점에서 가야와의 관련성이 논의된 바 있다. 이 지역에서는 석실묘 이전 단계에 해당하는 석곽묘에서도 주로 고령계 가야토기들이 출토된다는 점에서 현재 행정구역상으로는 전북에 속하지만 당시에는 백제와 무관한 가야권이었던 것으로 보는 것이 타당할 것이다.

전형적인 백제 석실묘 이외에 고분의 입지나 석실의 위치에 있어 전혀 다른 계통으로 추정되는 대형 고분이 정읍 운학리와 지사리에서 조사되고 있다. 이 고분들은 전남지역에서 확인된 지상형의 초기 단계 석실묘들과 상통하며 전북지역에서 지하형의 백제 석실묘가 도입되기 이전에 토착 세력가들에 의해 사용된 독특한 묘제라고 볼 수 있다.

그러나 이 석실묘들은 6세기 초 이후 더 이상 지속되지 못하는 반면 정읍 은선리 등 인접지역에서 6세기 중반부터 백제의 평사천정 석실묘가 축조되기 시작하는 것은 이 지역에 새로이 백제와 관련된 세력이 대두하고 있음을 반영하는 것일 것이다.

2) 전남지역의 석실묘

(1) 석실묘의 분포

지금까지 전남지역에서 조사된 석실묘 유적은 160여개 소에 달한다. 이 가운데 상당수는 군집된 유적으로서 각 유적에 존재하는 석실묘의 수를 정확하게 파악하기가 어렵지만 전체적으로 500기를 상회할 것으로 추산된다. 이와 같은 수는 그동안 알려졌던 석실묘의 수에 비하면 크게 증가된 것이지만 앞으로도 산록에 입지하는 6~7세기대의 소형 석실묘는 계속해서 조사될 가능성이 높다.

전남지역 석실묘를 권역별로 구분해 보면 서해안권역에 해당하는 영광·함평·무안 지역에 50여개 유적이 분포하고, 영산강 본류 중심지역인 나주와 영암 일대에 20개 내외의 유적이 분포하며, 영산강 상류 내륙지역에 해당하는 장성·광주·담양 일대에 30개 내외의 유적이 있다. 또한 크게 보아 영산강유역권이라 할 수 있는 해남서부·신안·진도 일대에 20개 내외의 유적이 더 있으므로 영산강유역을 중심으로 한 전남 서부지역에는 모두 120여개 유적이 밀집 분포되어 있다고 할 수 있을 것이다.

한편 남해로 연결되는 탐진강유역에는 강진과 장흥에 15개 내외의 유적이 있고, 탐진강과 함께 남해권이라고 할 수 있는 해남동부·완도·보성·고흥 일대에 20개 내외의 유적이 더 있는 등 전남 남부지역에는 35개 내외의 유적들이 분포되어 있다.

그러나 순천·여수 등 동남부지역에서는 석실묘의 존재가 거의 보고된 바 없는 점이 특기할만한 일인데 이는 물론 그 지역에 석실묘가 드물기 때문일 것이지만 그동안 다른 지역에 비해 석실묘의 조사가 부진했던 점도 무시할 수 없는 이유일 것이다.

섬진강유역의 곡성과 구례 지역에서는 8개 유적이 확인되었는데 권역의 면적에 비해 유적 수가 적은 편이며 이는 그 동안의 조사가 부진한데 기인하는 일이기도 할 것이다. 그러나 동일한 섬진강 수계로서 인접권이라 할 수 있는 순천·여수 등지에서도 석실묘의 조사 예가 거의 보고되지 않은 점을 감안한다면 전남 동부지역은 석실묘의 밀집도가 가장 낮은 지역이라 할 수 있을 것이다.

그러므로 전남지역의 석실묘는 영광·함평·무안·영암·해남·장흥·보성·고흥 등 대하천이나 바다를 낀 지역에 집중 분포하는 것이 특징이라고 할 수 있을 것이다. 이러한 현상은 이미 석실묘 이전 단계에 해당하는 옹관묘의 경우에도 나타나는 것으로서 일반적으로는 그 주인공들이 바다나 배와 밀접한 관련을 가지고 있기 때문일 것으로 보고 있다.

그러나 이러한 해석은 상대적으로 바다나 배와는 무관한 전혀 다른 집단이 내륙쪽에 존재한다는 것을 암시할 수도 있다고 생각되는데 전남지역의 실제 상황이 그러했다기 보다는 옹관묘나 석실묘들이 성행할 당시의 교통 사정상 내륙의 육로 보다는 바다나 강을 이용한 수로가 사람들의 이동과 교류에 보다 용이하였기 때문에 흔히 배가 닿을 수 있는 지역에 사람들이 집중적으로 거주하면서 거대한 고분들을 남겼다고 보는 것이 보다 합리적일 것이다.

한편 석실묘는 옹관묘가 별로 조사된 바 없는 장성·담양·곡성·구례 등지의 내륙 깊숙한 지역에서도 적지 않게 조사되고 있는데 이러한 현상은 석실묘 단계부터 인구의 증가라든지 사회·정치적 배경 속에서 내륙 진출의 필요성이 증대되었기 때문에 나타난 새로운 현상이 아닌가 생각된다.

　입지에 있어서는 강이나 대하천을 끼고 있는 낮은 구릉 위에 입지하는 것, 바다를 바라볼 수 있는 높은 구릉 위에 존재하는 것, 평야지대 외곽의 산록에 분포하는 것 등 세가지로 대별된다.

　첫째, 강이나 대하천을 끼고 있는 낮은 구릉 위에 입지하는 것은 단독인 경우가 많은 편인데 영광·함평·나주·광주·담양 등 주로 서해안과 영산강유역권에서 조사되었다.

　둘째, 바다를 바라다 볼 수 있는 높은 구릉 위에 존재하는 것은 2~3기로 구성된 것이 많은 편인데 해남 방산리 독수리봉·해남 내동리 밭섬·고흥 가야리 동촌·고흥 길두리 안동 등 주로 남해안권에서 나타나고 있다.

　셋째, 평야지대 외곽의 산록에 분포하는 것은 군집된 것이 대부분이며 영산강유역권과 보성강유역권, 남해안권을 막론하고 전남 전역에서 조사되고 있다.

　분구의 형태에 있어서는 원형·방형·장고형으로 나눌 수 있다. 원형은 전남 전역에 걸쳐 거의 대부분을 차지하고 있으며, 방형은 함평 금산리·나주 복암리·해남 신월리 등 소수에 불과하다. 장고형은 영광 월산리 월계·함평 죽암리 장고산·함평 예덕리 신덕·광주 명화동·광주 월계동·해남 용두리 등 주로 영산강유역의 외곽지대에 분포하는 특징을 보여주고 있는데 장고분은 분구 자체로서 영산강유역의 다른 석실묘들과 뚜렷하게 구분되는 독특한 것이므로 본 논의에서 제외하고 앞으로 별도의 문제로 다루어 보기로 하겠다.

분구의 규모에 있어서는 지름이나 한변의 길이가 30~50m 내외에 달하는 대형분과, 20m 내외의 중형분, 10m 내외의 소형분으로 구분할 수 있다. 대형은 강이나 하천유역의 구릉지에 위치한 고분들로서 주로 영산강유역권에 분포하고, 중형은 비교적 높은 구릉 위에 있는 것으로서 주로 남해권에 분포하며, 소형은 대부분 산록에 군집되어 있으면서 전남 전역에 걸쳐있는 특징을 보여주고 있다.

(2) 석실의 구조

전남지역의 석실묘들은 영역별 · 입지별 · 분구형태별 · 분구규모별 분포상과 석실의 구조 등 여러가지 면에 있어서 다양한 면모를 보여주고 있다.

첫째, 석실의 입지에 있어서는 백제 석실묘와 마찬가지로 산록에 해당하면서 석실이 지하에 축조된 예가 상당히 많은 편이지만 적지 않은 예는 낮은 구릉의 정상부에 위치하면서 분구 중간에 석실이 축조되고 있다는 점에서 이 양자를 서로 동일한 계통으로 이해하기는 어려울 것이다. 물론 고분의 입지 차이가 계통의 차이가 아닌 시대의 차이를 반영하는 경우도 있으며 고구려의 적석총이 초기에는 강안에 위치하였다가 점차 산록으로 옮아가는 것은 그 좋은 예가 될 수 있을 것이지만 이 경우와는 다르다.

전남지역 석실묘에서 관찰되는 입지의 차이는 입지 그 자체뿐만 아니라 석실의 위치에 있어서도 지하와 지상으로 구분되고 있으며 뒤에 언급되겠지만 석실 자체의 규모와 구조에서도 차이가 나기 때문에 서로 동일한 계통으로 연결된다고 할 수 없을 것이다.

대표적인 예는 해남 월송리 조산고분, 해남 내동리 밭섬고분, 광주 쌍암동고분, 장성 영천리고분, 나주 복암리 3호분 96석실, 강진 가야리 동촌고분, 고흥 신호리 동호덕고분, 고흥 길두리 안동고분 등이다.

둘째, 평면 형태에 있어서는 방형으로 시작되는 백제 석실묘와 달리 모두 처음부터 장방형 평면에서 출발하고 있다. 이는 시기적으로 백제에서 가장 빠른 방형 평면의 석실묘가 파급된 것이 아니라 그 다음 단계에 해당하는 장방형 평면을 가진 석실묘가 파급되었기 때문일 가능성을 감안해 볼 수 있을 것이며, 실제 그에 부합되는 석실묘들이 대단히 많이 나타나고 있다.

그러나 적지 않은 석실묘들은 평면 형태 이외에도 앞서 언급한 입지와 석실의 위치뿐만 아니라 뒤에서 언급할 석실의 규모와 구조에서도 서로 큰 차이를 보이고 있다는 점에서 서로 같은 계통으로 연결된다고 하기 어렵다. 대표적인 예는 해남 월송리 조산고분, 광주 쌍암동고분, 장성 영천리고분, 나주 복암리 3호분 96석실 등을 들 수 있다.

한편 석실이 일반적인 장방형인 것이 아니라 대단히 긴 세장방형을 가진 예가 적지 않게 존재하며 지역적으로 남해안권역에 국한되어 있기 때문에 별도로 구분할 필요가 있는데 고흥 신호리 동호덕고분이 대표적인 예이다.

셋째, 석실 축조 재료에 있어서는 백제 석실묘와 마찬가지로 할석을 이용한 것과 판석을 이용한 것이 모두 보인다. 그러나 석실의 규모에 있어 전남지역이 백제의 지배 아래 편입되었다면 백제 중심지역의 석실보다 더 큰 석실이 만들어지기는 어려울 것임에도 불구하고 적지 않은 석실들이 당시 백제 왕릉에 못지 않은 규모로 축조되었다는 점에서 앞서 언급한 점들과 함께 백제계통과는 다른 석실묘의 존재를 말해주고 있다.

대표적인 예는 해남 월송리 조산고분, 광주 쌍암동고분, 장성 영천리고분, 나주 복암리 3호분 96석실, 고흥 신호리 동호덕고분, 고흥 길두리 안동고분 등이다.

넷째, 천정형태에 있어서는 백제 초기에 해당하는 궁륭천정은 찾아보기 어렵고 그 다음 단계에 해당하는 맞조임천정, 평사천정, 평천정에 해당하는 석실묘들이 많이 있으므로 그러한 석실묘들은 다른 백제계 요소와 결부되어 전형적인 백제계 석실들이 전남 전역에 확산된 것임을 알 수 있다.

그러나 장방형 평면을 가진 전남지역 석실의 천정형태는 백제의 맞조임천정과 유사하지만 천정부로 좁혀지는 두 장벽 상단의 벽석들은 그 단면이 백제의 장방형 단면과는 달리 사다리꼴을 띠고 있으며 벽석을 밖에서 눌러주는 보강석을 별도로 가지고 있다는 점에서 서로 구분된다.

또한 세장방형 평면을 가진 전남지역의 석실들은 백제의 평천정과 동일한 평천정을 가지고 있지만 백제의 평천정 석실과는 입지와 규모 등에서 차이가 나기 때문에 동일한 계통이라고 할 수 없다.

대표적인 예는 장방형 평면을 가진 해남 월송리 조산고분, 광주 쌍암동고분, 장성 영천리고분, 나주 복암리 3호분 96석실 등과 세장방형 평면을 가진 고흥 가야리 동호덕고분, 고흥 길두리 안동고분 등을 들 수 있다.

이상 살펴본 몇가지 기준을 토대로 전남지역 석실묘를 구분하여 보면 크게 비백제계와 백제계로 구분되며, 비백제계는 장방형 평면의 영산강식과 세장방형 평면의 남해안식으로, 백제계는 백제 중심지역의 시기적인 변천과 궤를 같이하여 세 가지로 구분된다.

① 영산강식 석실 (구릉입지 할석조 장방형 맞조임천정 지상석실)

강이나 대하천을 끼고 있는 낮은 구릉 위에 분포하는 것으로서 대부분 단독으로 존재하면서 석실과 분구의 규모가 크고 석실이 분구의 중간에 위치하면서 주로 작은 할석으로 쌓았으며, 문주석·문지방석·미석·현문 등의 시설을 잘 갖추고 있는 특징을 보여주고 있다.

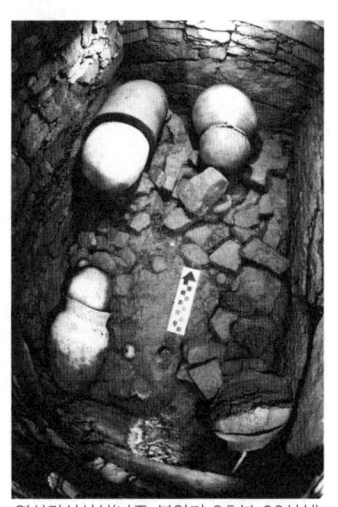

영산강식석실(나주 복암리 3호분 96석실)

대표적인 예는 해남 월송리 조산고분, 광주 쌍암동고분, 장성 영천리 고분, 나주 복암리 3호분 96석실 등을 들 수 있다.

② 남해안식 석실 (구릉입지 판석조 세장방형 평천정 지상석실)

바다를 바라다 보거나 바다에서 가까운 구릉 위에 존재하는 것으로서 1기가 단독으로 존재하거나 2~3기가 군집되어 있으면서 분구가 큰 편이고, 석실은

남해안식석실(고흥 동호덕고분)

세장하면서 판석으로 구성되며 분구 정상부에 위치하는 특징을 보여주고 있다.

대표적인 예는 고흥 신호리 동호덕고분을 비롯한 고흥지역의 일부 고분들과 해남 내동리 밭섬고분 등이다.

③ 백제 맞조임천정 석실 (산록입지 할석조 장방형 맞조임천정 지하석실)

평야를 낀 산록에 군집되어 분포하는 것으로서 백제지역에서 흔히 발견되는 맞조임천정을 가지고 있다. 봉분의 존재 여부를 판단하기 어려

울 만큼 봉분이 남아
있는 예가 드문데 직
접적으로는 봉분 자
체가 원래부터 작거
나 거의 없었기 때문
이겠지만 근본적으
로는 석실이 작고 반
지하나 지하에 위치

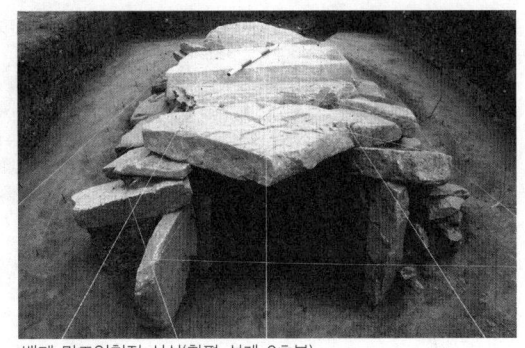

백제 맞조임천정 석실(함평 석계 6호분)

하고 있어 봉분이 있었다고 하더라도 보존되기 어려웠기 때문일 것이
다.

　이러한 유형의 석실묘들은 전남 전역에 분포되어 있으며 가장 많은
수를 차지하고 있는데 함평 91-6호분이나 장성 학성리 A-6호분 등 일
부 예를 보면 석실 외곽에 벽석을 눌러주는 보강석을 가진 점 등 시기
적으로 앞선 영산강식 석실묘의 요소와 전통이 일부 반영되어 있다고
판단된다.

　④ 백제 평사천정 석실 (산록입지 판석조 장방형 평사천정 지하석실)
　평야를 낀 산록 경사면에 분포하는 것으로서 군집된 예는 찾아보기
어렵다. 봉분은 지름 10m 내외의 규모를 가졌으며 다듬어진 판석으로
축조된 석실은 반지하나 지하에 위치하고 있다. 대표적인 예로는 신안
도창리고분이 있다.

⑤ 백제 평천정 석실 (산록입지 판석조 장방형 평천정 지하석실)

평야를 낀 산록에 분포하는 것으로서 단독으로 존재하거나 맞조임식 석실묘 군집지역에 섞여 있다.

봉분은 지름 10m 내외의 규모였을 것으로 추정되며 대표적인 예로 나주 대안리 4호분, 함평 석계 90-3호분, 장성 학성리 A-1호분을 들수 있다.

(3) 석실묘의 연대와 성격

이상과 같이 입지·석실위치·석실구조 등으로 나누어 살펴본 전남지역의 석실묘들은 비교적 다양한 양상을 보여주고 있는데 석실묘를 구성하는 여러 가지 요소들은 시기적인 차이를 반영하는 것도 있지만

백제 평천정석실
(나주 대안리 5호)

지역적인 차이를 반영한다고 판단되는 것도 존재하고 있다. 남해권의 석실묘가 바로 그러한 예가 될 수 있을 것으로 생각되는데 영산강유역권과의 지역적인 차이를 구분해 낼 수 있는 최소한의 조사마저 이루어지지 못한 실정이기 때문에 아직은 상호 관계를 단언하기 어렵다.

그러나 지금까지 그 차이를 인식하지 못하였던 남해권의 석실묘들은 그 입지나 석실 구조 등 여러가지 면에서 영산강유역권의 석실묘와 동일하지 않은 것이 분명한 만큼 축조시기에 있어서도 동일하지 않을 가능성을 배제할 수 없을 것이다.

전남지역에서 찾아볼 수 있는 다섯가지 유형의 석실묘들의 중심연대를 살펴보면 다음과 같다.

첫째 유형은 그동안 5세기 후반~6세기 초경에 전남지역에 도입되어 옹관묘를 대체했던 백제 석실묘로 추정되었던 것이다. 주로 영산강유역권에 분포하면서 5세기 후반에 시작되어 백제 석실묘가 도입되기 전인 6세기 초반까지 기존의 옹관묘와 병행하여 사용되었던 지역적, 시대적 특징을 가지고 있다.

둘째 유형은 주로 남해권에 속하는 것이라는 점은 분명한데 그 가운데서 지금까지 내부구조와 출토유물에 대한 학술적인 조사가 이루어진 것은 없기 때문에 아직은 그 시기를 가늠하기 어렵다. 그러나 아무리 늦어도 영산강식석실묘가 성행했던 시기와 병행하였을 것으로 판단되며 영산강식석실묘보다 먼저 시작되었을 가능성도 배제할 수는 없을 것으로 생각된다.

셋째 유형은 백제지역에서 가장 널리 사용되었던 것으로서 전남지역에서도 전역에 걸쳐 있으면서 6세기 중엽 이후부터 통일신라시대까지 지속되며 고려시대에 해당하는 것도 소수 확인되고 있는 등 가장 넓은 지역에서 가장 오랜 기간 동안 사용되었던 것으로 보인다.

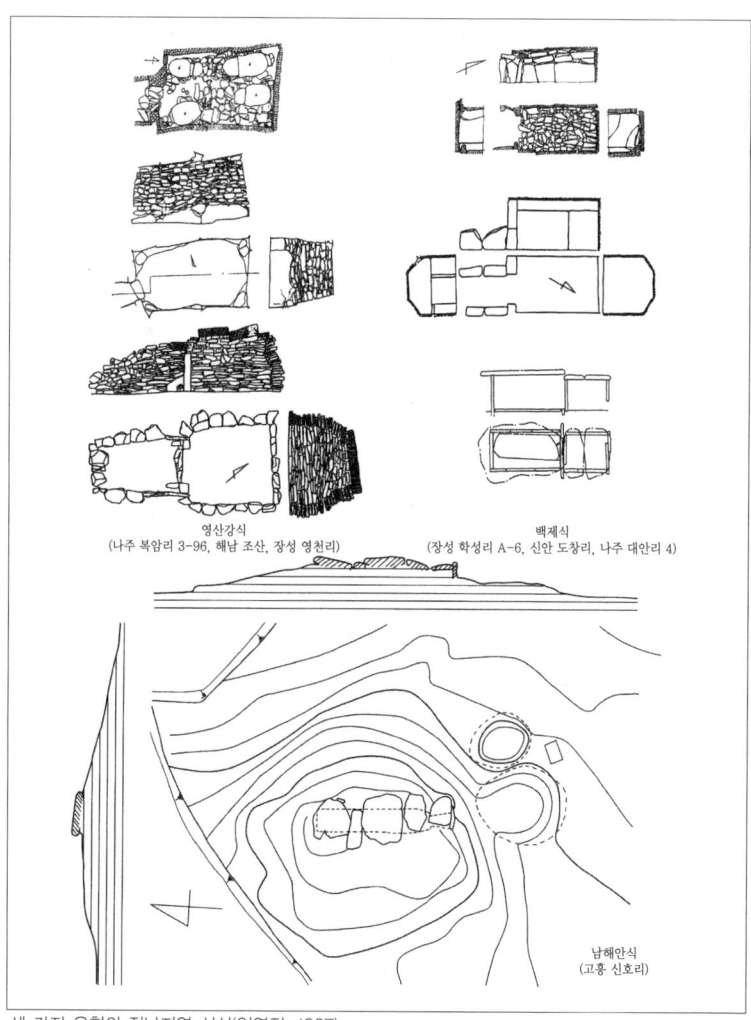

영산강식
(나주 복암리 3-96, 해남 조산, 장성 영천리)

백제식
(장성 학성리 A-6, 신안 도창리, 나주 대안리 4)

남해안식
(고흥 신호리)

세 가지 유형의 전남지역 석실(임영진, 1997)

넷째 유형은 석실이 잘 다듬어진 판석으로 축조된 전형적인 백제식 단면 6각형의 평사천정 석실을 가진 것으로서 6세기 중엽경에 해당하며 그 수는 많지 않다.

다섯째 유형은 잘 다듬어진 판석으로 축조된 전형적인 백제식 단면 사각형의 평천정 석실을 가진 것으로 백제 중심지역과 마찬가지로 6세기 후반~7세기에 해당하며 그 수는 많지 않다.

백제 지역에서 석실묘가 사용되기 시작한 시기는 4세기 후반이지만 한성을 제외한 주변지역에 불과하였고 최고 지배세력에 의해 사용되기 시작한 것은 고구려의 남침으로 인해 공주로 천도한 475년 이후부터라고 할 수 있다. 전남지역에서 지금까지 조사된 석실묘를 보면 가장 빠른 단계에 속하는 것이 복암리 3호분의 96석실로서 5세기 후반으로 추정되는데 시기적으로 보면 공주에서 백제 지배세력에 의해 석실묘가 사용되기 시작한 시기와 거의 상통하고 있다.

그러나 앞장에서 살펴본 바와 같이 초기 단계에 해당하는 영산강식과 남해안식 석실묘의 구조에 있어서는 공주를 비롯한 백제 중심지역과 전남지역은 적지 않은 차이를 보여주고 있다. 즉 5세기 후반 당시 백제의 수도 공주에서는 평면형태가 방형이며 천정은 석실의 네 벽을 가운데로 휘어 모아 크게 좁혀진 중심부분에 한장의 판석만을 덮는 궁륭천정을 가지고 있다가 점차 맞조임식으로 바뀌며 부여지역에서는 장방형 평면의 단면 6각형 평사천정을 거쳐 평천정 석실묘로 바뀌고 있다.

이에 반해 전남지역에서는 초기부터 평면이 장방형이고 천정은 석실의 장변 두벽을 약간 안으로 기울어지게 한 다음 그 위에 여러장의 판석을 덮는 평천정 구조이거나(영산강식), 세장방형에 가까운 석실에 평천정을 가진 구조(남해안식)라는 점에서 당시 백제의 석실묘와는 크게 다른 구조로 출발하고 있는 것이다.

입지에 있어서도 백제의 석실묘는 공주 송산리고분군에서 보듯이 초기부터 산록에 위치하면서 석실이 지하나 반지하에 축조된 반면, 전남지역의 석실묘는 나중에 백제의 경우와 같아지기는 하지만 초기에는 옹관묘와 마찬가지로 낮은 구릉에 위치하면서 석실이 분구 중간에 위치하고 있다.

또한 백제의 석실묘는 거의 대부분 남북을 장축으로 하고 있지만 전남지역 초기의 석실묘 가운데에는 동서를 장축으로 하고 있는 것이 섞여 있다는 점도 주목된다. 이는 매우 중요한 차이점으로서 일찍이 우리나라에서는 선사시대에 동서 방향이 주류를 이루다가 역사시대에 들어와서 중국 한나라 묘제의 영향으로 남북 방향으로 바뀌는 경향을 보여주고 있다고 보는데, 전남지역의 수 많은 지석묘에서 살펴볼 수 있듯이 선사시대의 장축방향이 반드시 일정한 방향을 지향하는 것은 아니며 전남지역의 옹관묘와 초기 석실묘에서도 고정된 장축방향은 보이지 않다가 6세기 중엽경 석실묘가 백제의 경우와 같이 산록으로 옮아 갈 즈음에야 비로소 남북 주축방향으로 고정되는 경향을 보여주고 있는 것이다.

전남지역 초기 석실묘에서 관찰되는 이와 같은 특징들은 바로 앞 단계에 해당하는 옹관묘의 경우와 통하는데, 나주 복암리 3호분처럼 석실 안에 옹관이 들어 있는 예도 있다는 점에서 전남지역 초기 단계의 석실 묘가 백제의 석실묘이며 석실묘의 등장이 곧 백제로의 편입을 의미한 다고 하는 견해는 재고해 보아야 할 것이다.

　이와 같이 백제의 중심지역과 전남지역 초기 단계의 석실묘는 구조에 있어서 다를 뿐만 아니라 부장유물에서도 차이가 난다. 즉 백제 석실묘 에서는 흔히 삼족토기가 부장되는데 반해 전남지역의 석실묘에서는 유 공광구호와 개배 등 기존의 옹관묘에 부장되었던 토기류가 흔히 부장 될 뿐 삼족토기를 비롯한 백제 중심지역의 특징적 토기류는 보이지 않 는 것이다.

　그러나 전남지역에서도 6세기 중엽경부터는 석실묘가 산록으로 옮아 가면서 점차 백제의 특징을 가지게 되는데 그 가운데는 백제 중심지역 인 부여에서 조사되는 석실묘와 구조적으로 똑같은 석실묘들이 상당수 섞여 있다. 또한 그 분포 범위에 있어서 전남지역 전역에 걸치면서 백 제가 멸망할 때까지 그 변화에 있어서도 백제의 경우와 일치한다.

무안 사창리 출토 유공광구소호(국립광주박물관)

　그러므로 전남지역에서는 초기 의 영산강식이나 남해안식 석실 묘부터 백제 석실묘의 영향 아래 축조되기 시작한 것이 아니라 6 세기 중엽경부터 백제의 석실묘 가 파급되기 시작하여 산록에 축조되었고 그 당시까지 축조되고 있었던 영산강식과 남해안식 석실묘는 더 이상 축조되지 못하였다고 보는 것이 타당할 것이다.

한편 지금까지 그 차이를 인식하지 못하였던 전남 남해안권의 석실묘들은 그 입지나 석실 구조 등 여러가지 면에서 백제의 석실묘 뿐만 아니라 영산강유역권의 석실묘와도 구분해 보아야 할 것이다. 즉 영산강유역의 초기 석실묘들은 낮은 구릉 정상부에 입지하면서 할석으로 축조된 대형 석실이 분구 중간에 걸쳐 있는 반면, 남해안권의 초기 석실묘는 높은 구릉 정상부에 입지하면서 주로 판석으로 축조된 중·소형 세장방형 석실이 분구 정상부에 거의 노출되다시피 위치해 있다는 점은 간과할 수 없는 차이인 것이다.

전남지역에서 전형적인 백제식 석실묘가 등장하는 6세기 중엽 이전까지 사용되었다고 판단되는 이 두가지 유형의 석실묘들이 서로 어떠한 관계를 가지고 있었으며 어떠한 계기로 축조되기 시작하였는지에 대해서는 아직 단언하기 어렵다.

그러나 앞에서도 언급하였듯이 영산강유역권과 남해안권이 모두 백제와는 구별되는 광의의 마한문화권에 속해 있었다면 3세기 중엽경부터 발전해 나갔던 백제에 의해 북쪽에서부터 마한의 영역이 잠식되어 나감에 따라 영산강유역권과 남해안권 모두 필연적으로 그에 대응하는 사회변화가 이루어졌을 것이며 그 수준과 속도는 크게 차이나지 않았을 것으로 생각된다.

3세기 이후 영산강유역에서 계속 발전해 나갔던 옹관묘가 남해안권에서는 거의 조사되지 않고 있을 뿐만 아니라 그 외 다른 유형의 고분들도 찾아보기 어렵다는 점에서 남해안권에서는 영산강유역보다 먼저 석실묘가 축조되기 시작하여 영산강유역권의 옹관묘와 병행하였을 가능성도 배제할 수는 없을 것으로 판단된다.

8. 영산강유역권 옹관묘의 문제

옹관묘는 토광묘와 함께 철기문화의 수용과정에서 도입되어 소아용의 묘제로 사용되었다고 보지만 늦어도 3세기대부터는 성인을 위한 묘제로 전환되기 시작하였다. 그 변화의 계기와 범위에 대해서는 여러 견해가 나올 수 있겠지만 4세기대에 이르게 되면 영산강유역을 중심으로 한 서남부지역에서 전용옹관으로 변화하면서 본격적으로 발전해 나갔다고 하는 점에 대해서는 이론이 없을 것이다.

영산강유역권의 고대문화를 대표하는 옹관묘는 대형옹관을 매장주체부로 삼는 점이 가장 큰 특징이지만 그 외에도 다장, 주구 등 같은 시대, 다른 지역에서

영산강유역권의 전용 옹관(국립광주박물관)

는 찾아볼 수 없는 일련의 특징들을 보여주고 있기 때문에 그동안 이 지역 고유의 특색으로 부각되어 왔고 비교적 많은 연구가 이루어지고 있다.

그러나 아직도 해결되지 못한 채 남아 있는 기본적인 문제들이 적지 않다. 예를 들면, 고대 이 지역을 대표하는 대형옹관묘는 3세기대에 시작된 것으로 인식되고, 청동기시대의 주 묘제였던 지석묘는 기원전후 경에 소멸된 것으로 인식됨에 따라 그 사이에 해당하는 기간 동안 영산강유역권은 문화적인 공백기를 가진 것으로 여기지 않을 수 없었던 것이 그 대표적인 예일 것이다.

다른 한편으로는 지석묘와 대형옹관묘 사이의 공백기를 없애기 위해 지석묘의 하한을 기원 1~2세기까지 내려봄과 동시에 대형옹관묘의 출현시기를 3세기 이전으로 소급해 보아야 할 것이라는 견해도 거론된 바 있을 정도였다.

최근 서해안고속도로 공사 과정에서 이루어진 집중적인 발굴조사를 통해 주구를 갖춘 분구묘들이 계속 확인되고 그 가운데에는 1~2세기대로 추정되는 것들이 나타나고 있기 때문에 이러한 분구묘들이 지석묘와 대형옹관묘 사이에 해당하는 것임이 밝혀지게 되었다. 아울러 바로 이러한 분구묘들이 대규모 옹관을 위주로 하여 백제 석실묘가 보급되기 시작하는 6세기 중엽경까지 영산강유역권을 중심으로 자체적인 발전과정을 보여주고 있다는 사실이 드러나게 되었다.

영산강유역권의 분구묘는 저분구묘 단계에서 옹관고분의 단계를 거쳐 영산강식석실고분 단계에 이르기까지 매장주체시설이 목관, 옹관, 석실의 순으로 변하고 있으며 목관과 옹관 사이에 목곽 단계를 설정할 수 있게 되었다. 또한 영산강유역권의 분구묘는 그 외형에 있어 방형, 제형, (장)방형, 원형, 장고형 등 다양하며 (장)방형 단계에는 분구의 규모가 커지면서 상부가 평탄해지는 예가 많아지는데 이는 '(장)방대형'으로 구분하는 것이 좋을 것이다.

　영산강유역권의 분구묘의 변천에 있어 중심축을 이루는 매장주체시설과 평면형태의 두가지 변수는 서로 명확하게 구분되는 조합을 이루지는 않지만 전체적인 변화의 흐름을 보면 매장주체시설은 목관, 목곽, 옹관, 석실로 변화해 나가고 평면형태는 방형, 제형, (장)방대형, 원형으로 변화해 나가면서 서로 유기적으로 조합을 이루는 것을 알 수 있다. 즉 백제 석실묘가 들어오기 전까지 사용되었던 영산강유역권의 분구묘는 크게 보아 방형목관분구묘, 제형목곽분구묘, (장)방대형옹관분구묘, 원형석실분구묘로 변천해 나가는 것을 알 수 있는데 그 중간에 해당하는 예도 적지 않다.

1) 영산강유역권 분구묘의 변천

　청동기시대의 지석묘를 이은 영산강유역권의 분구묘는 방형목관분구묘이다. 방형의 주구가 둘러진 것으로서 지표면에 아무런 흔적이 없는 상태에서 주구만 확인되는 경향이 높다. 그러나 주구로 둘러진 내부 공간은 당연히 시신이 안치되었던 공간일 것이며 원래는 얕은 토광이나

지면상에 목관이 안치되고 방형의 주구가 굴착되면서 목관을 덮은 낮은 분구가 형성되었을 것이라고 추정된다.

매장주체시설이 조사된 경우는 목관을 안치했던 토광이 중심부에 있고 그 주변이나 주구에는 옹관이 안치된 예가 보이기도 한다. 유적의 입지는 낮고 편평한 구릉지대의 정상부가 흔한 편이며 장축 방향은 일정하지 않다. 주구의 규모는 한변의 길이가 10m 내외이다. 매장주체시설이 조사된 예가 드물기 때문에 알려진 부장품은 많지 않지만 토기로는 이중구연호와 단경호가 흔히 보이고 철기로는 도자가 있으며 옥류도 있다. 이 단계의 이중구연호는 높이에 비해 어깨가 넓고 칼로 자른 듯한 평저인 점이 특징이다.

방형목관분구묘는 충남 서남부에서부터 전북 서부에 이르는 지역에서 많이 조사된 편이고 앞으로 영산강유역권에서도 지속적으로 조사되겠지만 지금까지 알려진 자료는 상대적으로 많지 않다. 이러한 차이는 단순한 지역적인 차이라고 보기는 어렵고 중심권역과의 시간적인 차이를 반영하고 있다고 본다.

한편 지금까지 관행적으로 토광묘라고 칭해왔던 이 시기의 무덤 가운데에는 방형의 주구와 분구를 가지고 그 분구 안에 목관을 안치하는 방형분구목관묘가 적지 않게 섞여있는 바 주구가 없고 지하에 토광이 만들어진 전통적인 토광목관묘는 분구묘가 아니라 봉토묘로서 구분되어야 할 것이다.

방형목관분구묘를 이어 제형목곽분구묘가 사용되었다. 사다리꼴의

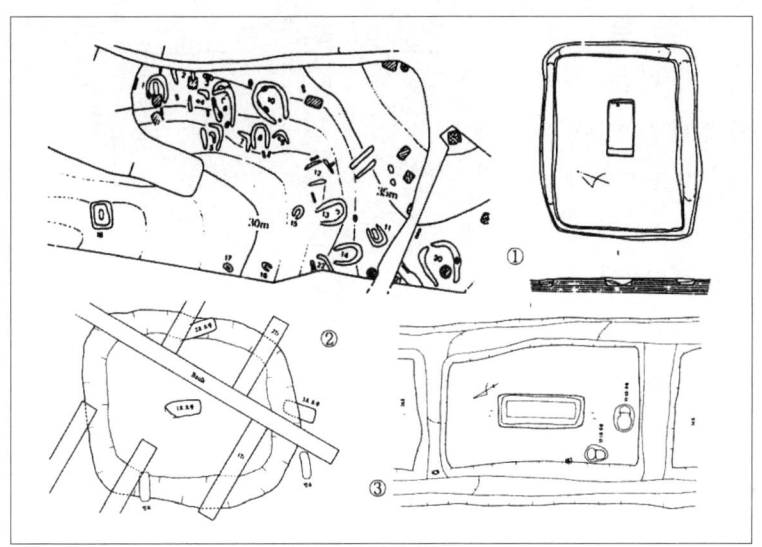

방형목관분구묘(① 영광 군동, ② 무안 인평, ③ 함평 순촌)

주구가 둘러진 것으로서 지표면에 아무런 흔적이 없는 상태에서 주구
만 확인된 것과 지표면에 낮은 분이 남아있고 그 자락에서 주구가 확인
된 것이 있다. 모두 그다지 높지 않은 분을 가지고 있었다고 보지만 평
면 규모가 방형의 경우에 비해 상대적으로 크기 때문에 분구의 높이도
더 높았을 것이며 함평 만가촌고분군의 예를 보면 2m에 달하였을 것으
로 추정된다.

매장주체시설로는 목곽이 중심부에 마련되고 그 주변이나 주구에는
목관이나 옹관이 안치된 예가 보이기도 하지만 목관이나 옹관이 중심
부에 위치한 예도 없지는 않다.

출토되는 유물에는
기존의 이중구연호
와 함께 양이부호가
더해지고 나중에는
유공광구소호와 경
배가 출현하며 철기
류에 있어서는 도자
외에도 철모가 부가

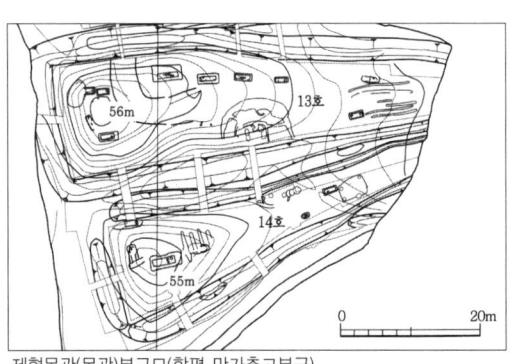

제형목관(목곽)분구묘(함평 만가촌고분군)

되지만 옥류에 있어서는 큰 변화가 보이지 않는다. 한편 주구에서는 제
사와 관련되어 폐기되었다고 추정되는 유물들이 출토되는 경향이 보인
다.

유적은 낮고 편평한 구릉지대의 정상부 뿐만 아니라 경사면에도 입지
하며 장축 방향은 일정하지 않다. 주구의 규모는 일반적으로 방형의 경
우보다 크며 한변의 길이가 30m를 넘는 것도 적지 않은데 흔히 네 변
에서 모두 주구가 확인되는 방형의 경우와는 달리 짧은쪽 변이 터진 ㄷ
자 형태의 주구가 확인되는 예가 많이 있다.

함평 만가촌고분군을 비롯하여 영암 신연리고분군, 나주 복암리 선행
고분군 등이 대표적인 예이다. 고창을 비롯한 전북 서남부와 전남 서부
지역에서 주로 조사되고 있으며 앞으로도 조사 예가 지속적으로 증가
할 것으로 기대되는데 권역별로 군집지가 형성되는 경향이 있다.

방형옹관분구묘는 영산강유역권의 고대사회를 대표해 왔던 것으로서

그 내용에 대해서는 잘 알려져 있다.

　가장 중요한 특징으로는 외형적으로 고대한 분구의 위용이 두드러진다는 점이며 그 내부에는 대형의 전용옹관이 겹쳐 있을 뿐만 아니라 금동관, 금동신발, 환두대도 등 본격적인 위세품들이 출토된다. 또한 소형철제농공구가 나타나고 개배와 유공광구소호가 성행하며 옥류가 증가한다. 분구 상부에 장엄 효과를 내기 위한 특수한 분주토기가 배치되는 예가 보이는 한편 주구에서는 제사후 폐기되었다고

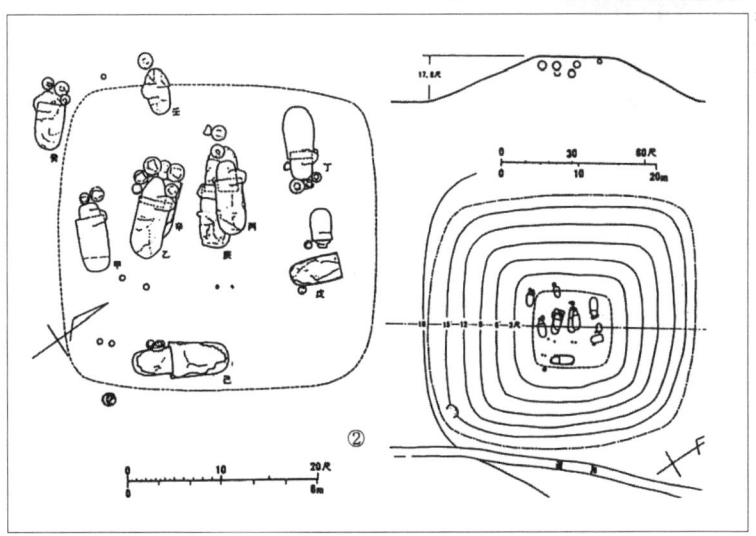

방형옹관분구묘(나주 신촌리 9호분)와 금동관

추정되는 유물들이 흔히 출토된다.

입지는 앞의 예들과 크게 다르지 않다. 분구는 장방대형과 방대형이 있는데 장단비가 100:83 정도에 달하는 장방대형이 더 많은 것으로 밝

영산강유역권 분구묘의 변천과 그 배경(임영진 2002)

구 분	~2c 말	2c말~4c중	4c중~5c말	5c말~6c초
방형목관분구묘				
제형목곽분구묘				
방대형옹관분구묘				
원(대)형석실분구묘 장고형석실분구묘				
분구 규모	저분구 (저분구묘)	중분구 (분구고분)	고분구 (분구고총)	고분구 (분구고총)
분구 형태	방형	제형	(장)방대형	원(대)형
중심매장주체	목관	목곽	전용옹관	석실
매장 방식	단장-다장	다장(수평적)	다장(수직적)	합장
제사(주구내)	미상	소규모	성행	약화
분포 특징	다지역 산재	다핵 중심권	다핵 계층화	다핵 계층화 이완
사회 통합도	(소국)분립	권역별 통합 (권역별중심)	유역권 통합 (대중심지)	통합 이완 (권역별 부중심)
변화 배경	(금강유역권 분구묘 파급)	백제의 건국과 아산만권 병합에 따른 권역별 결집	백제의 금강 하류권 병합에 따른 영산 강유역권의 통합 대응	백제의 공주 천도에 대응한 일본 구주와의 연계

혀져 있다. (장)방대형은 기존 제형의 전통을 유지하되 장변의 길이가 짧아지고 높이가 높아진 것으로서 시기적으로 완전한 방대형보다 약간 앞서고, 일부는 서로 병행하는 것으로 본다.

　이러한 유형에 속하는 고분 가운데에는 복암리 3호분에서 볼 수 있듯이 기존의 제형분구묘를 전면적으로 개축한 예도 보이는데 이는 두 유형이 밀접한 관련성을 가지고 있음을 의미한다고 하겠다. 아울러 분구의 규모를 비롯한 매장주체시설, 부장품 등 여러 가지 면에서 두 유형 간에는 사회 발전의 수준이 차이가 있음을 보여준다.

　나주 반남 일대에 집중적으로 축조되는 한편 6세기대로 내려오면서 반경 20~30㎞ 정도의 범위 안에서 비슷한 규모의 단독묘가 산재되어 나타나고 있다. 나주 대안리 3호분과 신촌리 9호분이 장방대형의 대표적인 예가 될 것이며 무안 고절리고분, 화순 천덕리 회덕 1·2호분 등이 방대형의 대표적인 예가 될 것이다.

2) 영산강유역권 분구묘의 특징

(1) 주구와 분의 등장

　주구를 갖춘 고분에서 찾아볼 수 있는 가장 중요한 특징을 든다면 분의 존재가 될 것이다. 그 이전 시기에는 분의 존재가 확실한 예를 찾아보기 어렵기 때문에 분의 등장은 주구의 굴착과 매우 밀접한 관련을 가지고 있다고 할 수 있을 것이다.

그동안 주구의 기능에 대해서는 여러 가지 가능성이 거론되어 왔지만 초기에는 채토 목적이 가장 컸다고 본다. 흔히 주구에 추가장이 이루어진 예들을 볼 수 있는데 이는 주구의 기능이 특별한 상징성에 있다기보다는 분구 축조를 위한 채토에 치중되어 있었음을 말해주는 것이라 하겠다.

　아울러 그동안 조사된 주구 형태는 매우 다양하지만 원래부터 그러했던 것이라고 보기는 어렵다고 생각된다. 주구를 파는 가장 큰 목적이 분 조성을 위한 채토였다면 주구를 파면서 노력을 절감하기 위해 변은 깊게 파고 모서리는 얕게 파거나 파지 않았을 것이기 때문에 후대에 분을 비롯한 주구 상부가 삭평되면서 모서리의 얕게 판 부분이 다양한 양상으로 발굴되고 있을 가능성이 높다.

　다만 변 중간에 나타나는 연결부는 원래부터 분으로 통하는 길로서 남겨두었던 것이라고 보며, 아산만권에서 조사되고 있는 눈썹형주구를 가진 주구토광묘들은 경사면에 자리잡고 있으면서 매장시설이 지하에 마련되었다는 점 등에서 영산강유역권의 분구묘와는 분명하게 구분된다고 보는 것이 옳을 것이다.

　분을 가진 무덤이 등장하는 시기는 지역별로 달랐을 것이지만 분 자체가 갖는 의미는 서로 통하는 것으로서 단순히 매장시설을 보호하고 무덤을 식별하는 기능에서 벗어나 점차 피장자 뿐만 아니라 그 후손들이 가지고 있는 권위와 위엄을 나타내기 시작한 것이라고 보는 것이 옳을 것이다.

영산강유역권의 분구묘는 초기에는 분구가 잔존하지 않을 정도로 낮았지만 점차 높아지는 한편 평면 규모도 커지는 것은 그와같은 인식의 변화를 의미하는 것이며 복암리 3호분과 같이 기존의 낮은 무덤을 고대한 무덤으로 개축하여 사용했던 사례가 이해될 수 있을 것이다.

(2) 다장의 시작

영산강유역권에서는 추가장에 의한 다장이 성행하였는데 이것이 어떠한 배경에서 시작된 것인지 시원하게 밝혀지지 않고 있다. 추가장에 의한 다장은 경기, 충청지역에서도 간혹 그 예를 찾아볼 수 있지만 소수에 불과하기 때문에 크게 주목되지는 못하고 있다.

영산강유역권은 낮은 구릉을 중심으로 농경이 발전한 지역으로서 노동집약적인 농경의 특성상 공동체적인 성격이 강했을 것임을 상정해 본다면 가족을 중심으로한 혈연공동체적인 강한 유대 속에서 독특한 다장묘를 등장시켰을 것으로 보는 것이 합리적일 것이다.

(3) 대형옹관의 사용

영산강유역권에서 성행하였던 대형 전용옹관의 시작 배경 역시 불명확하다. 다만 초기에는 일상 생활용기를 사용하다가 점차 전용옹관으로 발전시켰을 것으로 보는 것이 일반적인 견해이다. 광주 신창동유적에서 확인된 바와 같이 당시에는 쌀농사가 성행하였고 광주 쌍촌동유적에서 확인된 바와 같이 당시 집안에서는 대형 항아리에 견과류나 곡

물을 저장하였던 것으로 생각되므로 초기의 대형 옹관이 전용 옹관이
아닌 것은 당연히 집안에서 사용하였던 대형 항아리를 활용하였기 때
문일 것이다.

문제는 왜 집안에서 저장용으로 쓰였던 대형 항아리가 시신을 묻는
관으로 전용되었는가 하는 점일 것이다. 여러 가지 가능성이 제기될 수
있겠지만 필자는 대형 옹관을 가지고 있는 무덤들은 거의 예외없이 다
장묘를 이루고 있다는 점에서 양자는 깊은 관련성을 가지고 있다고 생
각해 왔다.

영산강유역권에서는 추가장에 의한 다장이 이루어지는 과정에서 기
존의 목관이 썩고 시신이 훼손되는 상황을 목격하게 됨에 따라 시신이
훼손되지 않는 방법으로서 대형 항아리를 쓰게 되었을 것이라고 보는
것이다.

(4) 제형분구의 형성

영산강유역권에서는 함평 만가촌고분군으로 대표되는 장제형의 고분
들이 적지 않은 비중을 차지하고 있는데 이러한 고분 역시 거의 예외없
이 다장을 이루는 점이 주목된다. 필자는 단장으로 출발했던 방형분구
묘에 그와 관련된 인물들이 옆으로 추가되면서 분구가 수평적으로 확
장되었고 결국 길다란 제형분구가 되었을 것으로 상정한 바 있다.

제형분구 가운데에는 수평적인 분구 확장이 이루어진 예들이 적지 않
지만 제형분구 모두가 추가장에 의한 분구 확장 결과 형성된 것이라고

하기는 어렵다. 그러나 처음부터 제형분구로 출발한 것이라 하더라도 그것은 수평적인 추가장을 염두에 둔 것이었다고 보므로 크게 보아 수평적인 분구 확장이라는 범주에서 이해해도 무방할 것이다.

(5) (장)방형분구와 원형분구로의 변천

제형의 분구는 점차 (장)방형이나 원형으로 변화하는데 이는 무덤의 축조에 있어 정형화된 기획이 이루어지기 때문일 것이다. 문제는 영산강유역권에서는 어떠한 배경에서 제형의 분구가 (장)방형이나 원형으로 변화하게 되었는가 하는 것이다.

고대의 우주관에서는 천원지방(天圓地方) 사상이 일반적이었으므로 이것이 방형과 원형 평면 고분의 시작과 관련되었을 것으로 보는 것은 가장 자연스러운 견해일 것이다. 중국의 황하유역에서는 방형이 앞서다가 후한 중엽부터 원형으로 전환되기 시작한 것으로 보고 있는데 그 변화의 방향이 방형에서 원형을 취하는 것은 고대 한국의 경우도 마찬가지이다.

영산강유역권에서 제형고분이 성행할 당시 고구려와 백제에서는 정연한 방형을 가진 고분들이 성행하고 있다가 점차 원형 고분으로 바뀌었으므로 영산강유역권에서는 그러한 영향을 직접적으로 받았을 것으로 보인다.

영산강유역권에서 가장 규모가 큰 방대형계 고분들이 정방형보다는 한변이 약간 긴 장방형의 특징을 유지하고 있는 것이 더 많은 것은 바로 그러한 배경을 의미하는 것이라고 보아도 무방할 것이다.

한편 제형고분이 (장)방형과 원형고분으로 정형화됨에 따라 수평적인 추가장이 불가능해진 가운데 추가장에 의한 다장의 전통을 유지하기 위해서는 수직적인 추가장이 이루어질 수 밖에 없었다. 이에따라 분구는 수직적인 확장을 하면서 고대화되는데 신촌리 9호분은 가장 대표적인 예가 될 것이다.

특히 앞 단계까지는 매장시설이 지면에 안치되거나 지면을 약간 파내고 안치된 다음 성토되는 경향이 있었는데 이 단계부터는 지면 위에 먼저 어느 정도 성토를 한 다음 거기에 매장시설을 안치하고 다시 성토하는 경향이 있는 바 이는 분명 분구의 고대화를 염두에 둔 작업이었을 것이며 당시 주변 국가에서 성행하였던 고대한 무덤에서 자극을 받은 결과일 것이다.

9. 영산강유역권 장고분의 문제

한국에서 조사된 장고분(전방후원형고분)들은 고대 한일관계를 연구하는데 있어 대단히 중요한 자료가 되었다. 뿐만 아니라 백제에 의한 마한의 합병이 완료된 시기의 문제와 관련되어 한국의 고대사를 연구하는데 있어서도 빼어 놓을 수 없는 자료가 됨으로써 최근 관련학계의 가장 큰 관심사로 부각되었다.

지금까지 한국에서 확인된 장고분은 모두 14기인데 영산강유역권이

라고 할 수 있는 한
국의 서남부지역에
한정되어 분포하는
특징을 가지고 있다.
최근 수년간에 걸쳐
그 주인공과 축조 배
경에 대해 다양한 논

광주 월계동 장고분

영산강유역권의 장고분 일람표

| | 전장 | 방부 | | 허리부 | | 원부 | | 방부 방향 | 비고 |
		폭	고	폭	고	직경	고		
영암태간리고분	35	7.5	2.25	9	2.25	23.5	5	남	수혈석실
함평신덕고분	51	25	4	19	3.25	30	5	북	횡혈석실
광주월계동1호	45.3	31.4	5.2	14.5	3.8	25.8	6.1	서북서	〃
광주월계동2호	34.5	22	3.0	14.5	1.5	20.5	3.5	서남서	〃
광주명화동고분	33	24	2.73	12	1.87	18	2.73	서북	〃
해남장고산고분	77	38	9	31	6.25	44	10	북	〃
해남용두리고분	40.5	17	3.5	15	3	23	5	서남	측량조사
함평장고산고분	70	37	7	24	4.5	39	8	서남	〃
함평마산리고분	46	26	4	13	3.5	25	5	서북서	〃
영광월산리고분	41.2	19	2.5	11	2	22.5	6	서북	〃
고창칠암리고분	53.2		29.6			34		서남	〃
담양성월리고분	38	15				18		서	〃
담양고성리고분	(24)	12				14		동서	〃
광주요기동고분	(50)							서남	지표조사

의가 이루어지고 있다. 그동안 이루어진 논의들은 장고분의 분구, 석실, 분주토기 등 개별적인 요소 뿐만 아니라 그 피장자와 축조배경에 이르기까지 다양하다.

1) 영산강유역권 장고분의 특징

지금까지 영산강유역권에서는 14기의 장고분이 확인되었고, 앞으로도 조사의 진전에 따라 새로운 장고분이 추가될 가능성을 배제할 수는 없지만 그 가능성은 그다지 높지 않을 것으로 생각된다.

지금까지 조사된 장고분의 특징은 다음과 같이 정리된다.

(1) 분포상황

14기의 장고분들은 영광, 함평, 광주, 담양, 영암, 해남 등 당시 영산강권역의 핵심지역인 나주를 제외한 외곽지역에 산재되어 있다는 점이 무엇보다도 큰 특징이다.

최근 확인된 고창 칠암리 장고분은 행정구역상으로는 전라북도에 해당되지만 실제 생활권에 있어서는 인접한 영광을 통해 영산강유역권에 포함되는 지역이다.

고고학적으로 보더라도 정읍 운학리고분을 비롯한 이 지역의 고분들은 영산강유역권의 분구묘와 동일하게 지상의 분구에 매장시설이 설치되는 특징을 보여주고 있고 그러한 점에서 이미 영산강유역권에 포함되는 지역으로 설정된 바 있다.

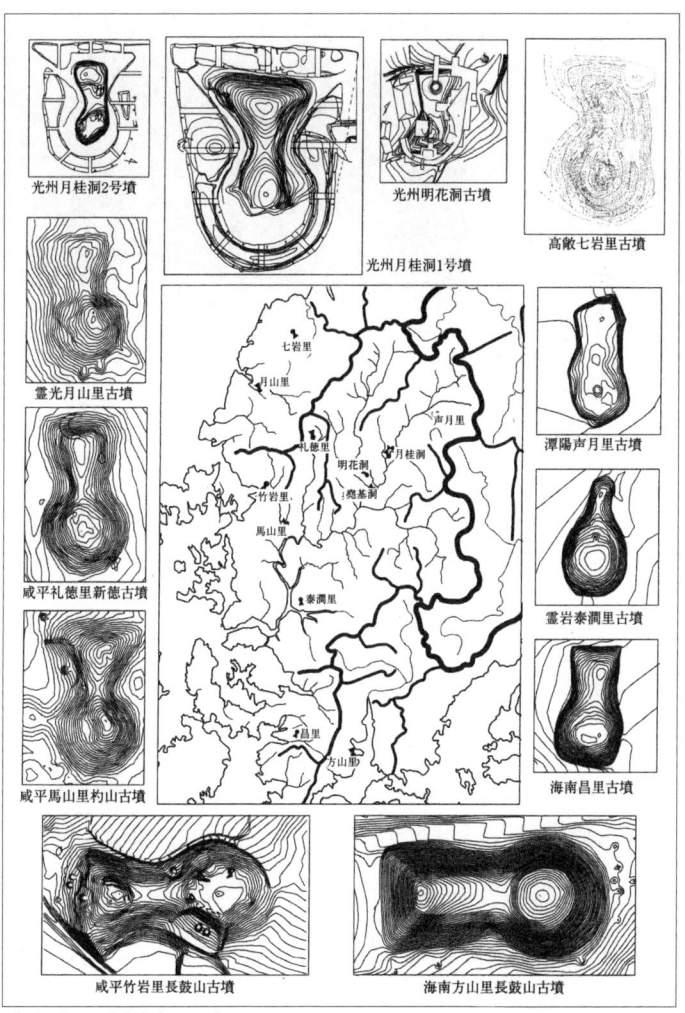

光州月桂洞2号墳

光州月桂洞1号墳

光州明花洞古墳

高敞七岩里古墳

靈光月山里古墳

咸平礼德里新德古墳

咸平馬山里杓山古墳

潭陽声月里古墳

靈岩泰澗里古墳

海南昌里古墳

咸平竹岩里長鼓山古墳

海南方山里長鼓山古墳

장고분 분포도(임영진, 2005)

(2) 장축방향

거의 모든 장고분
들은 구릉 정상부를
따라 입지하면서 원
부는 구릉의 낮은쪽,
방부는 구릉의 높은
쪽에 해당할 뿐 절대
적인 방향성은 갖추

함평 신덕 장고분

지 못하고 있다. 따라서 구릉 앞에 전개되는 광활한 평야지대나 바다쪽
을 조망할 수 있는 곳은 원부에 해당하고 방부는 원부 뒤에 부가된 시
설처럼 되어 있다.

(3) 분구규모

가장 작은 것은 담양 고성리 장고분으로서 30m 내외로 추정되고, 가
장 큰 것은 해남 장고산고분으로서 77m에 달한다. 당시 영산강유역권
의 수장급 고분인 원분이나 방분이 30~50m에 해당하므로 장고분이 더
큰 경향을 보여준다고 할 수 있다.

(4) 분구평면

원부와 방부의 결합 방식과 관련된 것으로서 경부가 있는 것과 없는
것으로 구분된다. 경부가 형성되어 있는 것은 영산강을 중심으로 주로

서북부에 분포되어
있고 경부가 없는 것
은 주로 동남부에 분
포되어 있는 특징을
보여주고 있다.

해남 장고산 고분

(5) 매장시설
  전남지역의 횡혈식
석실은 영산강식, 남해안식, 백제식의 3가지 유형으로 구분되는데 지금
까지 장고분에서 확인된 석실들은 영산강식석실이 주류를 차지한다.
영산강식석실은 영산강유역권에서만 확인되는 것으로서 장고분 외에
원형이나 방형 고분에서도 확인되고 있다.

  영산강식석실은 구조적으로나 시기적으로 구주 북부지역의 석실과

광주 월계동 1호분

연관된 것으로서 그
피장자들이 어떠한
형태로든지 그 지역
과 관련성을 가진 인
물이라는 점을 말해
준다고 볼 수 있는데
구체적으로 북부구
주형계, 비후형계,

재지발전계로 세분한 견해도 나와 있다.

(6) 부대시설

주구가 있고 분구와 주구 사이에 분주토기를 배치하는 특징이 있다. 분주토기는 대형옹관을 매장시설로 하는 토착적인 고분에서도 출토되고 있는데 다음과 같은 특징을 보이고 있다.

첫째, 형태상 원통형·호통형·호형으로 대별되고 각각 A형과 B형으로 세분된다.

둘째, 계통상 원통A형과 호통A형, 원통B형과 호통B형, 호형으로 세분된다.

셋째, 원통A형과 호통A형은 5세기 중엽~6세기 초 옹관고분에 공존하며, 일본 식륜을 모방하되 현지 요소가 가미됨으로써 독자적인 유형으로 발전하였다.

넷째, 원통B형과 호통B형은 5세기 말~6세기 전반 장고분에 공존하며, 공반되는 분주목기와 함께 일본 식륜을 충실히 모방하였다.

다섯째, 호형은 4세기 말~6세기 초 옹관고분에서 출토되는데 호A형은 일

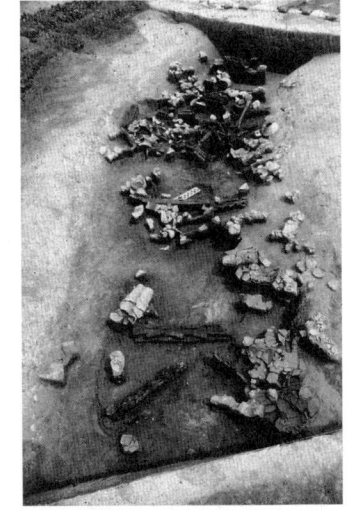

광주 월계동 1호분 주구 유물 출토 상황
(전남대학교박물관)

筒形					壺形
筒A形		筒B形			
圓筒A形	壺筒A形	圓筒B形	壺筒B形		

분주토기 변천도(임영진, 2003)

본 식륜을 모방하여 성립한 후 호B형으로 발전하다가 6세기중엽 일본으로 파급된 것으로 추정된다.

(7) 축조시기

개별 고분의 축조시점에 대해서는 연구자에 따라 약간의 견해차가 나타나고 있지만 장고분의 축조 기간에 있어서는 거의 모든 연구자들이 5세기 3/4분기부터 시작되어 6세기 2/4분기까지 해당하는 것으로 보고 있다.

(8) 기타

함평 신덕고분과 광주 월계동 1호분에서는 축조과정이나 축조후 제사가 시행된 사실이 밝혀졌는데 확인되지 않은 장고분에서도 일정한 제사가 이루어졌을 가능성은 대단히 높다고 생각된다.

2) 영산강유역권 장고분의 피장자와 축조배경

영산강유역권의 장고분에 있어 가장 큰 관심은 그 피장자와 축조배경에 대한 문제이다. 그동안 제기된 의견은 상당수에 달하며 각각 세부적인 면에 있어서는 약간씩 다른 내용을 담고 있지만 크게 보면 다음과 같이 4가지 견해로 구분된다.

따라서 중복을 피해 비슷한 견해에 대한 개별적인 검토는 생략하고 크게 구분되는 4가지 견해에 대해 핵심적인 내용을 요약하고 그에 따른 문제점을 지적해 보도록 하겠다.

(1) 일본에서 망명한 왜인설

이 견해는 백제의 발전에 따른 마한인의 일본 이주와 영산강유역권 장고분의 분포 상황에 주목하고 일본으로 건너간 마한계 후예 가운데 더 이상 일본에서 거주하기 어려운 사정을 가진 사람들이 영산강유역 으로 망명해 온 것으로 본 견해인데 그 망명지가 영산강유역권에 국한 되어 있다는 점이 문제점으로 남는다.

(2) 토착세력자설

영산강유역권 외곽에 산재하고 있었던 토착세력들이 남하하는 백제 의 압박 속에서 새로운 돌파구를 찾아 왜와 교류함으로써 도입되었다 고 보는 견해이다. 당시 백제의 영산강유역권의 장악 기도에 대응하는 현지 토착세력의 자연스러운 자구책으로서 이해될 수 있고, 그러한 점 에서 가장 많은 연구자들이 제기했던 견해이다.

그러나 이 견해의 가장 큰 문제점은 현지의 고고학적 현상이 그러한 해석을 어렵게 한다는 점을 간과하였다는 점이다. 즉 위와같은 견해가 성립하기 위해서는 일본의 전방후원분이 도입되기 전에 그러한 무덤을 쓸 수 있는 역량을 가진 현지 토착세력의 존재가 먼저 입증되어야 할 것이다. 그러나 대부분의 장고분들은 단독분 위주로 존재하기 때문에 현지 토착세력의 존재를 입증할 수 없다는 것이 가장 큰 문제점이다.

이러한 문제점에 대해 재지수장이 새로운 묘제를 도입하여 입지를 선택하면서 독립적이 되었거나 재지수장의 권력이 초월적이 되어 충분한 묘역을 형성하게 되었다고 보는 등의 견해를 제시하고 있지만 고구려, 백제, 신라, 가야 모두 7세기대까지도 수장급 고분들이 동일한 묘역에 군집하는 전통을 유지하고 있었기 때문에 공감할 수 없다. 더구나 재지수장의 권력이 초월적이 되었다는 견해는 당시의 정세로 미루어 성립하기 어렵다고 판단된다.

한편 마산리 표산고분군의 경우 15기 내외의 군집분 속에 1기의 장고분이 속해 있다는 점에서 사정이 다를 수 있다고 본다. 그러나 일부 원분들이 장고분의 주구 위치에 자리잡고 있는 사실을 통해 알 수 있듯이 대부분의 원분들이 장고분보다 늦은 시기에 해당할 가능성이 높을 것으로 추정되기 때문에 현지의 토착세력가가 일본의 전방후원분을 수용했을 가능성을 인정하기 어렵다. 설사 대부분의 원분들이 장고분보다 선행하는 것으로서 토착세력의 존재를 입증하게 되더라도 그것은 예외적인 것일 뿐이며 나머지 대부분의 장고분들까지 토착세력자였다고 비약할 수는 없는 것이다.

한편 이 문제와 직결되는 것으로서 장고분과 병행하는 시기에 영산강 유역의 외곽지대에 축조되었던 석실묘의 주인공에 대해, 장고분의 주인공들이 백제의 압박 속에서 왜와 연결되었던 세력으로 보는 한편 석실묘의 주인공들을 당시 백제에 경도되어 백제의 석실묘를 채택한 것으로 보는 견해가 있다. 그러나 백제식이라고 보았던 석실은 백제계가 아니라 장고분의 석실과 동일한 북구주계라는 점에서 그 논리는 성립하기 어렵다는 것을 알 수 있다.

(3) 일본이 파견한 왜인설

일본에서 파견되어 영산강유역과 일본 사이에 교역과 같은 역할을 수행하였던 왜인이라는 견해이다. 당시 영산강유역권과 일본 사이에 적지 않은 교류가 있었다는 것은 이미 여러 연구자들에 의해 밝혀진 사실이다.

그러나 왜에서 그러한 역할을 하는 집단이 영산강유역권에 들어와 있었다면 조선시대에 왜인을 위해 부산에 설치되었던 왜관이나, 일본의 15~16세기에 네덜란드인을 위해 설치되었던 나가사키의 데지마(出島)의 예를 보듯이 교역이 편리한 지역에 집중적으로 거주하였어야 할 것이지만 장고분들이 내륙 오지에 해당하는 지역까지 산발적으로 분산되어 있다는 점에서 수용하기 어렵다.

(4) 백제가 파견한 왜인설

백제의 웅진 남천 이후 영산강유역권에 대한 직접적인 장악력이 떨어지자 이 지역의 토착세력을 견제하기 위해 파견되었던 왜계 백제관료가 남겼다는 견해이다. 이 견해는 1990년대 후반에 우후죽순격으로 제기되었던 토착세력자설이 앞에서 지적한 바와 같은 문제점 속에서 점차 설득력을 상실하게 되자 최근에 들어와 제기되기 시작한 대안이다.

그러나 왜계 백제관료라면 당연히 백제 중심지에서 활동하였을 것임에도 불구하고 백제 중심지에서는 단지리를 비롯한 몇몇 유적에서 조사된 바 있는 소규모의 일본식 횡혈묘만 알려져 있을 뿐 그 위상에 걸맞는 대규모 고분을 찾아볼 수 없을 뿐만 아니라 영산강유역권에서도 외곽지역에 단독분 위주로 산발적으로 축조되어 있다는 점에서 수용하기 어렵다.

당시 백제가 영산강유역권의 토착세력을 견제하기 위해 십수개소에 달하는 외곽지역에 왜계 백제관료 세력을 분산배치할 수 있는 상황에 있었다면 그 세력을 하나로 모아 당시 핵심지역인 나주지역을 바로 장악해버리는 것이 훨씬 효과적이었을 것이며 당연히 나주의 핵심지역에 장고분들이 집중되어 있어야 할 것이다.

이 견해는 기존의 토착세력자설이 성립할 수 없다는 것을 인식하였다는 점과 영산강유역권의 장고분의 성격을 보다 다양한 각도에서 살펴볼 수 있게 하였다는 점에서 중요한 평가를 받을 수는 있겠지만 『일본서기』의 기록을 바탕으로한 문헌사적인 해석에 고고학 자료를 대입시킨 것이 아닌가하는 생각이 들게 하기도 한다.

또한 이 견해에서는 나주 신촌리 금동관을 비롯한 함평 신덕고분 출토 위세품들에 대해 백제의 사여를 상정하여 백제와 공납적 지배관계 혹은 간접지배관계에 있었다고 보기도 하지만 신촌리 금동관과 같은 위세품의 경우 백제 중앙에서는 찾아보기 어려울 뿐만 아니라 기본적인 문양 구성이 백제와는 다르기 때문에 독자적인 것으로 보는 견해가 타당하다고 생각된다. 설사 금동관 등의 위세품들이 백제에서 사여되었다고 하더라도 그것은 지배, 피지배의 관계 속에서 이루어진 것이 아니라 오히려 백제의 지배 아래 있지 않았기 때문에 호의품으로 제공되었을 가능성이 높기 때문에 상호 평화 공존을 위한 외교 행위의 일환으로 이해하는 것이 합리적일 것이다.

필자는 광주 월계동에서 2기의 장고분을 조사하면서 영산강유역 장고분들의 분포 상황과 함평 만가촌고분군의 정비와 관련된 제한된 시굴 결과를 감안하여 월계동 장고분의 피장자와 축조배경에 대해 간단한 해석을 내린 바 있다. 이를 요약하면 만가촌고분들이 장고분에 해당하고 늦어도 3세기대에 축조되기 시작하였다면, 그러한 장고분을 축조했던 사람들이 일본으로 건너가서 장고분을 발전시키면서 영산강권의 주민들과 교류하다가 혼인과 같은 인적교류나 정치적인 망명과 같은 이유로 인해 영산강유역권으로 들어왔을 것이라는 추정이었다.

그 후 함평 만가촌 고분의 발굴 결과 그와같은 해석의 전제가 되었던 고분들이 장고분이 아니라 사다리꼴 고분임이 밝혀짐으로써 만가촌 고분을 쓰던 사람들이 일본으로 이주하여 장고분을 발전시켰다는 견해는 수정하게 되었지만 장고분의 피장자와 축조배경에 대한 견해에 대해서는 동일한 견지에서 보다 구체적으로 살펴본 바 있다.

백제의 영역확장 과정에서 일부 마한 세력들이 일본으로 진출하여 영산강유역권의 나머지 마한세력과 교류해 나오다가 일본 내부의 정치적 변화 속에서 그동안 교류하여왔던 영산강유역권으로 망명하여 변두리 땅을 빌어 생활하다가 당대에 한해 일본에서 사용했던 무덤을 남기게 되었다고 본 것이다.

또한 위와 동일한 맥락에서 영산강유역권 장고분의 주매장시설이 북구주식석실과 통하는 영산강식석실이라는 점, 5세기 말~6세기 전반에 국한된 점 등을 종합하여, 그 주인공들은 북구주지역이 이와이[磐井]와 대화정권에 의해 통합되는 과정에서 그동안 교류하여 왔던 마한지역으로 망명하였던 것으로 보고 있다.

3) 영산강유역권의 장고분이 갖는 의미

영산강유역권의 장고분은 그 피장자와 축조 배경이 학계의 큰 관심을 끌고 있는데 기존의 대부분의 견해들은 영산강유역권에 일본식 장고분이 축조되는 것을 백제에 의한 영산강유역권의 해체 과정과 직결된 것으로서 백제의 역할이 결정적인 것으로 보는 입장에서 나왔다고 생각된다. 이는 문화요소의 전파나 인간의 이주를 너무 정치적 시각에서만 보려고 하기 때문에 빚어진 현상이며, 특히 백제와 마한을 지배와 피지배, 정복과 복속이라는 이분법적 입장, 백제의 일방적인 합병이라는 대세론적 입장에서 바라본 결과였다고 평가된다.

문화요소의 전파나 그 담당자의 이주 배경에는 정치적 이유가 존재하기도 할 것이지만 혼인, 교역, 망명, 표류 등과 같은 다양한 이유가 있기 때문에 다각적인 검토를 통해 가장 가능성이 높은 이유를 찾아낼 필요가 있다. 불확실한 문헌기록이나 그에 의거한 기존의 통설을 염두에 두고 고고학자료를 아전인수격으로 해석하려는 시도는 결코 바람직하지 못한 방법이다.

어디까지나 고고학 자료는 고고학적인 분석을 통해 고고학적으로 해석되어야 할 것이다. 다만 그 자료가 문헌기록이 남아있는 역사시대와 직결되는 것이라면 먼저 고고학적 해석을 내리고, 그 다음에 그와 관련된 역사학계의 견해와 비교하는 것이 순서일 것이다.

영산강유역권의 장고분이 갖는 의미의 핵심은 당시 영산강유역권을 중심으로한 한국의 서남부지역이 4세기 백제 근초고왕에 의해 병합되었다는 기존의 통설과는 달리, 6세기 초까지 독자적인 세력을 형성하였고 그 역사적 실체는 토착적인 마한이었다는 점이다.

이와 같은 견해에 있어 당시 영산강유역권의 토착세력을 마한이라고 보는 것에 대해서는 이견을 내는 연구자가 없지는 않지만 영산강유역권에 장고분이 축조될 수 있었던 것은 그 시기까지 영산강유역권이 백제와는 구분되는 독자적인 지역으로 남아있었기 때문이라는 점에서는 대부분의 연구자들이 일치된 견해를 내고 있다.

이러한 관점에서 영산강유역권의 장고분들을 모한 문제와 연결시키는 견해에 대해 간단히 언급하기로 하겠다. 흔히 거론되는 중국 송서 왜국전 등에 나타나는 왜 5왕의 도독제군사호(都督諸軍事號)와 관련된 문제이다.

당시 송은 계속되는 왜5왕의 요청에 대해 도독백제제군사는 인정하지 않았지만 나머지 대부분은 왜왕의 요구대로 수용하였다. 그 가운데 모

한이 바로 마한으로서 당시 영산강유
역권을 기반으로 5세기대까지 독자
적으로 존재하고 있었기 때문에 이
지역의 장고분들이 일본과의 직접적
인 관계 속에서 축조된 것으로 보아
야 한다는 것이다.

 그동안 조사된 영산강유역권의 고
고학 자료를 통해 이 지역의 토착세
력들은 5세기대까지가 아니라 백제
식 석실분이 도입되는 6세기 중엽 이

광주 명화동 장고분과 분주토기(국립광주박물관)

전까지 백제와 구분되는 독자적인 세력으로 존재하였고 그 역사적 실체는 마한이었음을 알 수 있었다. 문제는 송이 도독마한제군사를 인정했다는 것을 토대로 그 시기에 축조된 영산강유역권의 장고분들이 왜의 영향 속에서 축조되었다고 보아야 하는가 하는 점이다.

당시의 국제관계를 보았을 때 왜의 요청을 받은 송은 자신들과 교류하고 있거나 직접적인 이해가 걸려있는 백제와 같은 세력에 대해서는 왜의 요청대로 승인할 수 없었으므로 당연히 제외하였을 것이다. 그러나 나머지 세력들은 송과는 아무런 이해 관계가 없는 세력이기 때문에 굳이 일본의 요청을 거부할 필요가 없었다고 보는 것이 합리적일 것이다. 이와 같은 사정을 감안해 보면 마한과 일본과의 직접적인 관련성을 주장하는 것은 무리한 일이 아닐 수 없다.

중국 동진대에 백제 왕에게 지배력이 미치지 않는 양자강 이북지역에 대한 작호를 제수한 사실과 대한민국에서 행정력이 미치지 않는 북한 영역에 대해 도지사나 군수를 임명하는 점을 고려해 보면 송서 왜국전 등에 나타나는 왜5왕의 도독제군사호와 관련된 문제는 쉽게 이해될 수 있을 것이다.

고고학에서 본 백제의 영역변천

처음에 소개하였던 문헌사 분야의 연구 성과를 통해 알 수 있었듯이 백제 영역의 변천에 대한 문제는 문헌자료의 부족도 부족이거니와 동일한 문헌자료에 대한 해석상의 차이로 말미암아 아직도 해결되지 못한 과제들이 많이 남아있다.

지금까지 고분을 중심으로한 고고학 자료를 통해 백제의 영역확장 과정과 관련된 문제들을 검토해 보았으므로 문헌사분야의 논쟁점을 중심으로 고고학 자료를 통해 해석되는 백제의 영역확장 과정에 대해 정리해 보도록 하겠다.

백제의 영역 확장과 관련된 문헌기록에 있어서는 관련된 왕을 중심으로 구체적인 연대가 제시된 경우가 적지 않지만 고고학적으로는 구체적인 연대를 알기 어렵다.

고고학적으로는 백제 영역이 크게 변화하는 시점을 중심으로 몇 개의 획기로 나눌 수 밖에 없겠는데 앞에서 살펴본 개략적인 변화와 문헌사분야에서 논란이 되는 쟁점을 중심으로 하여 건국 초기의 영역, 마한 중심지역(목지국)의 병합, 영서말갈지역의 병합, 금강유역권의 병합, 영산강유역권의 병합 등으로 나누어 검토해 보기로 하겠다. 마지막으로는 백제의 영역확장 지역에 대한 관리 정책에 대해서도 살펴보기로 하겠다.

1. 건국 초기의 영역

백제 건국 초기의 영역 문제에 있어서는 서울 강남지역을 중심으로한 중부지역 적석총을 토대로 몇가지 연구가 이루어진 바 있는데 앞에서 정리한 바 있듯이 중부지역 적석총 모두를 백제의 것으로 보기는 어렵다. 임진강과 서울 강남지역의 적석총들이 백제에 속하고 그 출현 시기가 2세기 말~3세기 중엽경에 해당하는 만큼 그 범위가 당시의 백제 영역을 말해준다고 볼 수 있을 것이다.

『삼국사기』 온조왕 13년조를 보면 백제의 영역에 대한 내용이 나타나는데 '북패하, 남웅천, 서대해, 동주양' 으로 되어 있다. 이미 사방의 구체적인 범위와 이러한 영역이 확정된 시기에 대한 문헌사 연구 성과에 대해 검토한 바 있거니와 문제가 되는 부분은 북패하, 남웅천, 동주양이다.

북패하에 있어서는 고구려식적석총의 분포 범위가 임진강 이남지역에 해당하므로 패하를 임진강으로 보는 것이 무방하겠지만 임진강 이북 지역에 대한 고고학 조사가 충분히 이루어지지 못하였기 때문에 아직은 단언하기가 어려울 것이다.

남웅천에 있어서는, 경기 서남부지역에 대한 조사에 있어 독자적인 세력이 지속된 흔적을 찾아보기 어렵고, 고분 주변에 주구를 조성하는 것은 대부분 안성천 이남에 해당하며, 청당동유적을 통해 추정되듯이 천안 일대에 목지국이 있었던 것으로 인식되고 있는 만큼 남웅천은 안성천설이 유력하다고 보겠다.

동주양은 문헌사학계에서는 춘천으로 보는 견해와 평강이라는 견해로 나누어져 있는데 영서말갈세력이 남긴 것으로 추정되는 북한강과 남한강 상류지역의 말갈식적석총들은 당시 백제와 영서말갈 세력과의 경계가 어떠하였는지를 살펴볼 수 있게 해 준다.

당시 백제는 연천-포천-양주-양평-여주를 경계로 말갈과 대치하였다는 견해와 한강유역 원삼국문화가 연천-양평-남한강을 경계로 하여 마한과 예계로 구분된다고 본 견해 등이 참고가 될 수 있을 것이다.

위와같은 영역 획정이 이루어진 시기 문제에 있어서는 고이왕대로 보는 견해와 근초고왕대로 보는 견해로 나누어지고 있는데 고고학 자료를 토대로 하면 영서말갈과 마한 목지국 일대가 건재하고 있는 시기로서 3세기 말 이전의 사정을 반영하고 있다고 할 수 있을 것이다.

2. 마한 중심지역의 병합

목지국으로 대표되는 마한의 중심지역은 청당동유적을 중심으로 한

천안 일대에 해당한다고 보는 것이 통설이다. 이 지역은 3세기 중엽경까지 기존 전통이 유지되어 나오다가 3세기 후엽경에 목관묘는 기존의 전통을 유지하되 부장품에 있어 기존의 유물 조합과는 크게 다른 백제 한성지역의 유물들이 부장된다. 그 후 4세기 초에는 기존의 목관묘 역시 더 이상 지속되지 못하고 있다.

청주 송절동 유적 역시 Ⅰ~Ⅲ기는 토광묘·철기·칠기 등의 전통이 지속되다가 Ⅳ기부터는 기존의 전통이 무너지면서 서울지역의 토기를 수용하고 있는데 이는 청당동에서 파악해 볼 수 있는 것과 동일한 상황에서 이루어진 것이라고 하겠다.

같은 충청지역이지만 청주 신봉동 토광묘는 주변의 송절동과 청당동 토광묘와는 어느 정도 시간적인 차이가 있는 것으로서 신봉동 토광묘에서 출토된 토기들이 대부분 몽촌토성 등 서울지역 백제토기와 유사하고 산자락 낮은 곳에서 정상부로 올라가면서 이루어지는 토기의 변화과정도 서울지역과 대체로 일치하고 있기 때문에 신봉동 일대의 토광묘들은 처음부터 백제와 직결되는 세력에 의해 축조되었을 것으로 추정된다.

그 시기는 4세기 초부터로서 마한 중심지역의 병합 이후 그다지 멀지 않은 시점이었다고 판단된다. 특히 신봉동 유적에서는 마구류와 무기류가 많다는 점에서 신봉동 유적의 주인공들은 백제와 직결되는 세력으로서 백제의 영역 확장 과정에 참여한 집단이 그 주인공일 가능성이 있을 것이다.

시기적으로는 다소 늦지만 천안 용원리고분군의 석곽묘를 보면 8기는 토광묘와 혼재하고 1기는 설상 돌출대지에 존재하는데 기본적으로 백곡리형이면서 흑갈유천계호를 비롯한 다량의 유물이 출토되는 점에서 주목된다. 이런 특징은 다른 유적에서 찾아보기 어려운 것으로서 백제 중앙의 지배력을 매개로 한 새로운 세력으로 추정된다고 보고 있다.

『삼국사기』 백제본기에는 온조왕 26년과 27년에 걸쳐 마한 국읍을 병합한 내용이 담겨있는데 여기서 언급된 마한은 목지국이었을 것으로 보는 것이 일반적이다. 그 시기는 고고학적으로 검토해 보아야 할 것인데 앞에서 언급하였던 청당동유적이나 송절동유적에서 나타나는 변화는 기존의 세력들이 더 이상 지속되지 못하였음을 말해준다고 보겠는데 그 변화의 출발이 3세기 말경이라는 점에서 마한 중심지역의 병합은 이 시기에 이루어졌다고 할 수 있을 것이다.

문헌사학계에서는 마한의 중심세력이 3세기 중엽경의 고이왕대에 병합되었다고 보고 3세기 후엽까지 중국에 사신을 보낸 주체가 마한으로 기록되어 있지만 실질적으로는 마한을 병합한 백제로 보아야 한다는 견해도 나오고 있는데 고고학적으로는 3세기 말경에 마한의 중심세력이 병합되었다고 판단되는 것이다.

3. 영서말갈지역의 병합

서울 강남지역과 근접되어 있는 미사리에서는 3세기 초~3세기 중엽에 해당하는 미사리Ⅱ기까지 중도문화와 직결되는 기존의 경질무문토기가 지속되다가 3세기 후반 이후에 해당하는 미사리Ⅲ기부터는 몽촌토성에서 출토되는 것과 같은 고배, 삼족기, 직구단경호, 광구단경호, 광구장경호, 개, 병 등과 같은 다양한 기종이 출토되고 있다.

미사리 유적에서 나타나는 이러한 현상은 미사리Ⅲ기부터 서울 강남 일대의 전형적인 백제토기가 확산되어 기존 전통의 토기를 압도해 나갔음을 의미하는 것이며 이는 곧 미사리 일대가 한성백제의 성립과 함께 백제의 영향권으로 편입되었음을 나타내는 것이면서 영서말갈지역에 대한 병합이 시작되었음을 의미한다고 본다.

당시 영서말갈의 범위는 앞서 살펴본 바와 같이 평강-연천-포천-양주-양평-여주로 이어지는 선을 경계로한 동쪽에 해당한다고 보는데 서울 미사리 일대의 한강유역 뿐만 아니라 수원 서둔동에 이르기까지 영서말갈로 연결되는 중도문화가 확산되어 있다는 사실은 영서말갈의 활동 범위가 대단히 넓었음을 의미하는 것으로서 그 시기는 고구려계 이주민들이 남하하기 전부터였을 가능성이 높다.

고고학적으로 보면 영서말갈은 춘천을 중심으로한 북한강 상류지역과 제원을 중심으로한 남한강 상류지역에 집단을 이루고 있었다고 보는데 북한강 상류지역에서는 4세기 초부터 기존의 말갈식적석총이 더 이상 지속되지 못하기 때문에 그 시기에는 백제의 영향 아래 들어가게 되었다고 생각된다.

남한강 상류지역 역시 비슷한 시기에 백제에 편입되었다고 보는데 남한강 중상류지역에 백제계토기가 등장하고 있고, 영월 외룡리와 청룡포에서도 백제계 토기가 출토되고 있으며 진천 가마에서 백제토기로의 전환이 이루어지는 사실 등은 그에 대한 고고학적 증거일 것이다.

4. 금강유역권의 병합

금강유역권에서는 백제 건국 이전에 분구묘를 쓰는 세력이 자리잡고 있었다. 4세기대에 들어와서는 수혈식 석곽묘가 발전하여 지속되다가 4세기 말~5세기 초부터 횡혈식 석실묘가 파급되면서 석곽묘는 횡구식으로 변화하는 특징을 보여주고 있다.

이 석곽묘의 기원에 대해서는 아직 확고한 정설이 제시된 바 없지만 석곽묘의 규모와 부장품의 내용에 있어서 석곽묘의 주인공들이 강력한 세력을 형성하고 있었다고 보기는 어렵다. 표정리고분군이 백제 중앙과 관련된 것은 사실이지만 그 주인공들은 한성시기 말까지 어느 정도 독자성을 유지하고 있었다는 견해는 타당한 견해라 할 것이다.

전북 동부 산간지역은 다른 면모를 보여준다. 특히 남강수계에 해당하는 남원 동부지역은 가야계 석곽묘에 이어 가야와 관련된 석실묘가 축조되는 등 가야의 영역이었다고 보아도 무방할 것이다. 금강 상류와 섬진강 상류지역도 5세기대에는 가야의 영향을 엿볼 수 있는 석곽묘가 주류를 이루다가 6세기 중엽 이후부터 백제 석실묘가 보급되는 과정을 보여주고 있다.

이러한 현상은 6세기에 들어와서 백제 세력의 본격적인 진출이 이루어졌음을 의미한다고 생각되며 『일본서기』 계체기 7년조(서기 513년)의 '기문(己汶)·대사(帶沙)' 지역을 백제의 영역으로 인정하는 내용 가운데 '기문'을 남원에 해당하는 것으로 보는 역사학계의 견해와도 상통한다.

한편 전북 서남부지역에서는 다른 전북지역과는 구분되는 세력이 자리잡고 있었다고 생각된다. 대표적인 예는 정읍 일대의 대형 고분들로서 수혈식 석곽을 거대한 분구의 정상부에 축조하고 있다. 분구 중간이나 위쪽에 석곽이나 석실을 축조하는 것은 당시 전남지역과 매우 흡사하며 특히 정읍 지역과 바로 인접한 영광·함평 지역에 그와같은 특징을 가진 석실분이 분포되어 있다는 점에서 서로 무관하지는 않을 것으로 보인다.

정읍 운학리에서 출토된 용문투조과판(龍文透彫銙板)은 중국 진대 과대에서 출발한 것으로서 한국 삼국시대에 성행하였던 삼엽문투조과대에 앞서며 백제에서는 찾아보기 어려운데 인접한 부안 죽막동에서 해양 활동과 관련된 제사유적이 조사된 바 있듯이 이 지역 세력과 중국·일본과의 교류관계를 엿볼 수 있을 것이다.

당시 백제는 서울지역에 중심을 두고 있으면서 적석총계와 토광묘계 묘제를 주 묘제로 삼고 있었으므로 석곽묘가 주류를 이루는 금강유역권은 묘제에 있어 백제 중심권역과는 다른 상황이 전개되고 있었음이 분명하다. 그러나 석곽묘의 규모와 부장품에 있어서 이 지역을 통합한

강력한 세력집단이 대두한 것으로 보기 어려운데 이미 다른 세력의 영향권 아래 편입되었기 때문일 것이고 그 다른 세력이 백제일 것이라는 점은 석곽묘에서 출토되는 삼족토기 등 백제계 유물의 존재로 미루어 이론의 여지가 없을 것이다.

4세기대에 전북지역의 기존의 옹관묘가 대형화되는 과정에서 더 이상 발전하지 못한데 반해 영산강유역을 중심으로한 전남지역에서는 전북지역과 비슷하게 진행되었던 옹관묘가 지속적인 발전을 거듭하면서 전용옹관으로 발전하는 것은 4세기대의 백제의 지배권이 전북지역까지 미치고 있음을 말하는 것이라는 견해도 제기된 바 있다.

그러나 백제의 직접적인 지배로 전환된 시기가 언제인가가 문제가 되겠는데 전북지역에서는 5세기 후엽경부터 백제식 석실묘가 보급되고 있으므로 이 시기에 해당하는 것으로 보아도 될 것이다.

부안 죽막동에서 조사된 제사유적은 3세기 중엽경에 시작되어 6세기 초까지 중국·일본·가야지역을 연결하는 중심제장으로 성장하였지만 6세기 중엽 이후부터는 더 이상 중심제장의 역할이 계속되지 못하고 오늘에 이르기까지 그 지역 수준의 제사만 유지되어 왔다는 점은 바로 그 시기가 중요한 변화의 획기였음을 의미한다고 생각된다.

5. 영산강유역권의 병합

백제가 본격적으로 성장해 나가던 4~5세기에 걸쳐 영산강유역권에서

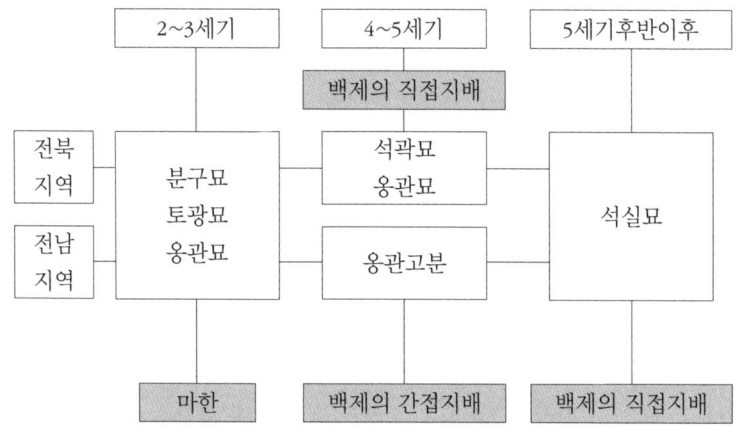

호남지역과 백제와의 관계에 대한 기존의 견해

사용된 옹관묘는 당시 서울·공주 등 백제 중심지역의 대표적 묘제인 적석총이나 석실묘와는 전혀 다른 묘제이면서 규모에 있어서나 출토유물에 있어 백제에 못지 않은 면모를 보여주고 있어서 당시 전남지역에는 백제와는 구분되는 세력이 존재하였고 그 역사적 실체는 마한 잔여세력인 것으로 인식되어 왔다.

영산강유역권의 옹관묘 사회에서는 5세기 후반부터 기존의 묘제와는 전혀 다른 석실묘가 사용되면서 점차 옹관묘는 소멸되는 과정을 거치게 된다. 전남지역의 토착 사회가 백제로 편입되었다는 것은 분명한 역사적 사실이었지만 그에 관한 문헌자료가 거의 없기 때문에 그 시기와 과정에 대해서는 논란이 끊이지 않고 있는 형편인데 이 문제의 핵심은

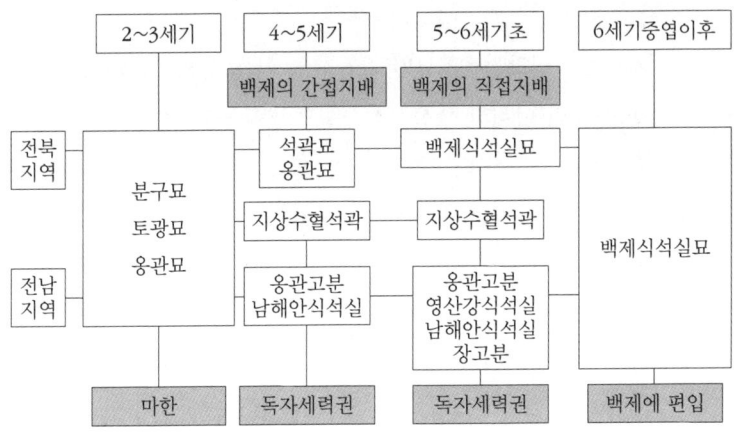

2~3세기	4~5세기	5~6세기초	6세기중엽이후

	백제의 간접지배	백제의 직접지배	

호남지역과 백제와의 관계에 대한 새로운 견해

전남지역 초기 단계 석실묘와 백제 석실묘와의 관계 속에 숨어 있다고
할 수 있을 것이다.

전북지역에서 5세기 후반경부터 백제식석실묘가 수용되기 시작하였
던 것과는 달리 전남지역에서는 6세기 초까지 백제와는 무관한 영산강
식석실묘와 남해안식석실묘가 사용되었다. 영산강유역의 초기 석실묘
는 5세기 후반에 등장하므로 백제에서 석실묘가 사용되기 시작한 시기
보다 늦은 편이다.

그러나 해남 월송리 조산고분 · 장성 영천리고분 · 광주 쌍암동고분 ·
나주 복암리 3호분 등 확인된 이 시기의 모든 영산강식석실묘는 그 입
지와 구조 · 출토유물 등 제반 요소에 있어서 백제 중심지역의 석실묘

와는 적지 않은 차이를 보여주고 있다.

또한 남해안식석실묘들은 그 입지나 석실 구조 등 여러 가지 면에서 백제식석실묘 뿐만 아니라 영산강식석실묘와도 구분된다. 즉 영산강식 석실묘들은 낮은 구릉에 입지하면서 할석으로 축조된 대형 석실이 분 구 중간에 걸쳐 있는 반면, 남해안식석실묘는 높은 구릉에 입지하면서 주로 판석으로 축조된 세장형 석실이 분구 정상부에 거의 노출되다시 피 위치해 있다는 점은 간과할 수 없는 차이인 것이다.

전남지역에서 전형적인 백제 석실묘가 등장하기 전까지 사용되었던 이 두가지 유형의 석실분들이 서로 어떠한 관계를 가지고 있었는지에 대해서는 아직 단언하기 어렵다. 다만 영산강유역권과 남해권이 모두 마한문화권에 속해 있었다면 3세기 중엽경부터 발전해 나갔던 백제에 의해 마한의 영역이 북쪽에서부터 잠식되어 나감에 따라 두 지역 모두 필연적으로 그에 대응하는 사회변화가 이루어졌을 것이며 그 수준과 속도는 크게 차이나지 않았을 것으로 생각된다.

영산강유역에서 성행하였던 옹관묘가 남해권에서는 해남과 강진을 제외하고는 거의 조사되지 않고 있을 뿐만 아니라 그 외 다른 유형의 고분들도 찾아보기 어렵다는 점에서 영산강유역에서 옹관묘가 대형화 되는 시기에 남해권에서는 남해안식석실묘가 축조되기 시작하였을 가 능성도 배제할 수 없을 것으로 판단된다.

영산강유역권을 비롯한 전남지역에 백제의 석실묘가 파급되기 시작 한 것은 6세기 중엽경부터이다. 이 석실묘들은 맞조임천정 · 평사천정·평천정 등 백제 중심지역 석실묘들의 변화에 따라 변화하면서 지속되는데 기존의 세력집단이 확인되지 않는 내륙 산간지역과 도서지역을 포함하는 전남 전역에 빠른 속도로 보급된 것으로 파악되고 있다.

6세기 후반으로 추정되는 나주 흥덕리 석실묘에서 출토된 은제화형관식은 그 주인공이 백제의 관직을 가진 관리임을 말해주는 것으로서 이

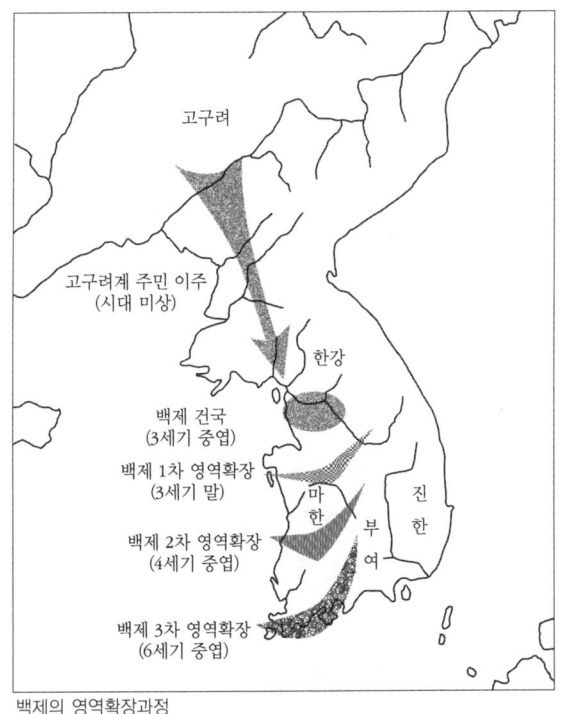

백제의 영역확장과정

지역이 본격적으로 백제의 편제 아래 들어갔음을 의미하는 것이라고
할 수 있을 것이다.

6. 영역 관리 정책

백제에 병합된 마한권역의 지배방식이 어떠하였는지에 대해 고고학
적으로는 단언하기 어렵지만 큰 변화의 추이는 살펴볼 수 있을 것으로
보인다.

화성 마하리 석곽묘는 기존의 토광목관묘에 석곽이라는 새로운 요소
가 부가된 것이지만 논산 표정리 유적이나 인근의 모촌리 유적과 마찬
가지로 백제와는 무관한 독자적인 세력에 의해 조성되었을 가능성은
대단히 낮으며 5세기대의 백제 삼족토기가 출토되는 익산 웅포리 유적
의 예를 통해 볼 수 있듯이 이미 백제에 편입된 상황에서 이루어진 제
한적인 발전의 결과였다고 해야 할 것이다.

천안 용원리 석곽묘는 능선 정상부를 따라 토광묘와 동일하다고 할
수 있는 묘역에 자리잡고 있는데 독립적으로 위치한 석곽묘에서는 4세
기 말~5세기 초에 해당하는 중국의 천계호를 비롯한 환두대도, 마구
등 다양한 부장품이 출토되고 있기 때문에 그 주인공은 기존 토광묘 세
력권의 수장이라고 생각된다. 특히 같은 묘역 내에서도 독립적인 지점
에서 차등화된 석곽묘에 묻힌 점은 뚜렷한 위계 속에서 나타난 현상이
라고 할 수 있을 것이다.

천안 화성리 유적에서 조사된 토광묘는 기본적으로 토착적인 묘제이며 출토되는 흑색토기 역시 그러하다는 점에서 그 주인공은 마한 전통을 유지한 현지 세력자일 것이라고 판단된다. 그러나 화성리 토광묘는 봉분의 존재 여부를 파악하기 어려울 정도로 분명하지 못한 점과 같은 4세기대로 추정되는 다른 지역의 세력자들이 상당한 규모의 봉분이나 분구를 가진 무덤을 쓰고 있다는 점을 감안한다면 그다지 큰 세력을 이루고 있었다고 보기는 어렵다. 은상감환두대도와 백제토기 등의 출토유물로 미루어 보아 백제의 지방 관리에 해당하는 세력자였다고 볼 수 있을 것이다.

4세기 중후반경부터 천안 용원리, 청주 신봉동, 익산 입점리 등지에서 새로운 지역 중심 세력이 부각된다고 보는데 한성백제 관련유물들이 나오는 것은 백제가 후원한 결과이므로 독립적 집단이라 하기 어렵지만 5세기 초에 해당하는 용원리 9호 단독 석곽은 지역 수장의 중앙 귀족화를 보여주는 것이라는 견해도 있다.

근년에 조사 예가 늘어나고 있는 공주 분강·저석리, 화성 마하리, 원주 법천리 등의 석실묘에 대해 공주 천도 이전에 해당하는 것으로서 한성백제의 주변지역에서 먼저 석실묘가 도입되었다는 견해가 나온 바 있고, 석실묘가 새로운 도읍지인 웅진에서 나타나 점차 발전을 거친 것이 아니라 다른 지역에서 충분한 발전을 거친 다음 천도와 더불어 웅진 지역으로 이입된 것으로 보는 견해도 나와 있는데 모두 백제 한성기 석실묘의 도입 배경을 이해하는데 있어 매우 중요한 견해들이다.

그러나 이 석실묘들에 대해 4세기 후반 이후 백제 영역화가 진행되는 과정에서 주변지역의 토착 수장계층을 백제 중앙과의 관계 속에 편입시킴으로써 그들을 통해 토착사회를 간접지배하려고 했던 증거로 보는 견해가 있다. 그러나 당시 백제 중앙에서는 횡혈식석실묘가 사용되지 않았기 때문에 설득력을 갖기 어렵다고 보며 오히려 당시 한성 백제 중앙에서 다양하고 새로운 유형의 고분들이 축조되는 것을 보고 지역권의 수장급 사이에서도 추가장이 가능한 새로운 석실묘를 경쟁적으로 도입해 나갔을 것이라고 생각된다.

이 새로운 석실묘는 당시 백제 중앙에는 보급되지 않았지만 고구려에서는 이미 나타나 있고 낙랑권에서도 전축묘가 사용되어 왔기 때문에 도입에 있어 기술적인 어려움은 없었다고 보지만 백제의 강력한 규제가 있었다면 불가능하였을 것인 만큼 당시 석실묘를 쓸 수 있었던 지방세력들은 백제와의 관계 속에서도 나름대로 일정한 자율성을 확보하고 있었다고 보는 것이 합리적일 것이다. 이는 출토되는 중국 도자기를 통해서도 방증된다고 본다.

백제 주변지역에서 출토되는 중국제 도자기에 대해서는 지방세력에 대한 회유책으로서 백제 중앙에서 도입하여 사여했다는 견해가 일반적이다. 그러나 다른 한편으로는 당시 지방세력들이 백제에 완전하게 복속되지 않았음을 의미한다고 볼 수 있을 것이며 실제로 백제와는 무관하게 독자적인 활동을 통해 중국의 신문물을 도입한 지방 세력가도 있었을 가능성을 배제할 수 없다고 본다.

백제 한성시대에는 최고 지배세력의 묘제가 고구려식적석총이었지만 웅진 천도후 석실묘로 바뀌는데 그 배경에 있어서는 당시 석실묘는 이미 지방 세력자들에게 널리 보급되어 있던 것이라는 점을 감안할 필요가 있다. 웅진 천도 직후 백제 왕들이 몇 년 사이에 계속해서 교체되었다는 문헌 기록에서 유추되었듯이 한성기 지배세력이 남천하여 웅진기의 지배세력을 형성하였다고 하더라도 그 영향력은 그다지 크지 않았고 상대적으로 현지 토착세력들의 위상이 높았을 것으로 보는 것이 타당할 것이므로 당시 백제의 지방 지배가 확고한 것은 아니었음을 말해준다고 할 수 있을 것이다.

특히 백제가 웅진으로 천도한 직후에는 웅진권을 비롯한 각 지역권의 유력자들에 대한 백제 중앙의 통제력이 약화되면서 지방세력 사이에서 일시적이지만 자신들의 위상을 높이기 위한 시도가 있었다고 생각된다. 석실묘의 채택 이외에도 금동관이나 금동신발과 같은 최고 권위의 상징물을 향유하는 것이 그 예가 될 수 있을 것이다. 이 문제에 있어서도 백제 중앙의 일방적인 사여라는 관점에서 이해해 왔지만 앞서 살펴본 바와 같이 지역 세력들이 완전히 백제에 복속되고 중앙에 편제되어 있었다면 굳이 금동관과 같은 최고 권위의 상징물을 하사할 필요는 없었을 것이다.

그러나 고고학적으로 보아 그러한 노력은 일시적인 것이었을 뿐 지속되지는 못하였던 것으로 판단된다. 5세기 말~6세기 초에 들어 그러한 유형의 석실묘와 부장품들이 더 이상 지속되지 못하는데 이는 정치적으로 안정을 되찾은 백제의 강력한 규제가 뒤따랐기 때문일 것이다.

5세기 후엽으로 추정되는 익산 입점리 석실묘는 공주 송산리 석실분과 구조상 연결되고 있어 백제 세력의 본격적인 진출과 관련된 증거로 제시되기도 하지만 출토유물상에서는 기존 전통과 통하면서 금동관과 금동신발 등 본격적인 백제의 지배 아래 있었다고 보기 어려운 유물들을 내고 있기 때문에 다른 각도에서 살펴볼 필요도 있다고 생각한다.

특히 금동관과 금동신발은 고총고분으로 발전한 나주 신촌리 9호분에서 출토된 것과 상통하는 것인 만큼 정읍일대에 존재했던 세력들과 마찬가지로 나름대로 독자적인 세력을 가진 것으로 보는 것이 좋을 것이다. 이들은 백제의 웅진 천도 직후 백제의 통제력이 약화된 상황에서 일시적이나마 독자적인 세력화를 도모하는 과정에서 금동관을 가지게 되었다가 안정을 되찾은 백제에 의해 규제됨으로써 지속되지 못하였을 가능성을 배제할 수 없는 것이다.

공주 수촌리에서는 석실묘의 침향이 일정하지 않다는 점과 토광목곽묘, 횡구식석실묘와 공존한다는 점, 1호목곽묘와 2호목곽묘, 4호석실묘와 5호석실묘의 피장자들이 부부로 추정되는 점 등에서 이 유적의 주인공들을 현지 토착세력이라고 보고 있다.

특히 이러한 유형의 석실묘들은 백제 웅진기의 석실묘와는 달리 여러 기가 군집되지 않고 토광묘, 석곽묘 등 기존의 다른 무덤들과 공존하면서 비교적 짧은 기간동안 광범위한 지역에서 산발적으로 나타나고 있다는 점에서 각 지역별로 상당한 세력을 이끌고 있었던 지역 수장들이 그 주인공이었다고 할 수 있을 것이다.

백제의 22담로제는 영산강유역을 중심으로 한 독자적인 세력이 6세기 중엽경에 백제로 병합되었을 것이라는 고고학적인 해석을 통해 새로운 각도에서 살펴볼 수 있다.

중국 『양서』에 전하는 백제의 22담로는 521년에 백제 사신이 양나라에 전한 내용에 의해 정리된 것으로 인식되는 바 신라의 통일 이후 편제된 9주 가운데 백제권의 웅주는 13군, 전주는 10군, 무주는 13군을 가지고 있었던 점이 주목된다. 즉 통일신라는 기존의 백제 지방편제를 흡수하여 새로 9주를 설치하였는데 웅주와 전주를 합하면 23군으로서 백제 22담로와는 1군밖에 차이가 나지 않기 때문에 6세기 전반에 백제가 편제하였던 22담로는 충청과 전북을 벗어나지 않았다고 볼 수 있는 것이다.

또한 백제 멸망 당시의 영역에는 37군이 있었다고 하는 바 충청과 전북의 기존 22담로가 22군으로 바뀌었다고 하면 나머지 지역에 15군이 있었던 셈이 된다.

고고학적으로 보아 이 15군 가운데에는 6세기 초까지 백제와는 무

양직공도에 보이는 백제사신

관하였던 전북 서남부 지역이 포함되어 있을 것으로 판단되는 바 전북 서남부 지역에 1~2개 군이 있었다고 하면 전남에는 13~14개 군이 있었던 셈이 된다.

이는 통일신라시대에 전남의 무주 관할지역에 13군이 있었다는 사실과도 부합되므로 사료상으로 보아도 6세기 초반까지 전북 서남부와 전남지역은 백제의 22담로 편제에 속하지 않았을 가능성이 대단히 높다고 할 수 있는 것이며 결과적으로 백제의 22담로제는 전북 서남부와 전남지역을 제외한 지역에서 실시되었다고 할 수 있을 것이다.

맺음말

지금까지 고분을 중심으로 한 고고학 자료를 바탕으로 백제 건국 이전의 마한의 성립과 발전 과정을 검토하고 백제의 건국과 영역 변천을 살펴 보았다. 백제의 발전 과정은 마한의 소멸 과정과 동일한 것으로서 구체적인 문제에 대해서는 그동안 적지 않은 논란이 있었지만 필자의 견해는 다음과 같이 요약, 정리된다.

첫째, 임진강유역에서 조사된 고구려식적석총은 고구려 이주민들이 남하하여 처음 머물렀던 고고학적 증거로서 소위 백제의 하북위례성은 이 지역으로 비정될 수 있다.

둘째, 이후 이들은 서울 강남지역으로 진출하게 됨으로써 본격적인 백제 한성시대를 열게 되는데 가장 중요한 고고학적인 증거는 연천 삼곶리 적석총과 연결되는 서울 석촌동 1호분이며 그 시기는 3세기 중엽 경이다.

셋째, 한성 백제 건국 이전 서울 강남지역에는 토광묘를 쓰는 집단과 즙석분구묘를 쓰는 집단 등 광의의 마한세력이 거주하고 있었는데 즙석분구묘를 쓰는 집단은 석촌동 1호분 북분을 통해 알 수 있듯이 한성 백제 건국 과정에서 왕비를 배출하는 등 한성 백제의 핵심 세력으로 부상하였다. 이와 같은 두 세력 사이의 밀접한 관계는 후대의 기록 정리 과정에서 마한계 선주민을 형(비류)으로, 고구려계 이주민을 아우(온조)로 하는 형제 관계로 표현되었을 가능성이 높다.

넷째, 백제의 건국 세력은 토광묘 세력으로서 부여계로 연결된다는 견해가 있지만 고고학적으로는 토광묘 세력이든 즙석분구묘 세력이든 부여계로 연결될 수 없다. 일부 문헌기록에도 백제가 부여계를 표방하는 내용이 담겨있지만 이는 백제가 고구려와 경쟁해 나가면서 대외적으로 대등한 입장에 서 있다는 명분을 내세우기 위한 것에 불과하다고 보는 견해가 타당하다고 생각된다.

다섯째, 한성 백제 건국 직후부터 미사리유적의 토기상에 있어 기존의 영서말갈 요소가 사라지면서 백제 요소가 나타나고 있어 한강을 통한 영역 확장이 가장 먼저 이루어졌다고 본다. 또한 천안과 청주 등 아산만에서 이어지는 충청 내륙의 마한 핵심지역은 3세기 말부터 기존 토광묘의 부장품 조합이 깨어지고 난형토기 등 백제 토기가 부가되고 있어 그때부터 백제의 영향권으로 들어가게 되었다고 판단된다.

여섯째, 한강 상류지역의 말갈식적석총은 4세기 초 이후부터 더 이상 축조되지 않기 때문에 영서말갈 세력 역시 백제의 압박으로 더 이상 발전하지는 못하였다고 생각된다.

일곱째, 관창리유적을 비롯하여 분구묘가 조사되는 충청 서남부와 전북 중서부지역에서는 4세기 중반경까지 백제의 직접적인 지배력이 미쳤다고 볼 수 있는 고고학 자료는 찾아보기 어렵지만 대규모 고분군의 존재가 드러나지 않기 때문에 백제의 영향 아래에서 토착세력의 성장이 규제되고 있었다고 본다.

여덟째, 석곽묘는 화성 백곡리와 마하리, 천안 용원리 등지에서 조사된 초기 단계의 예를 통해 기존의 토광묘에서 발전한 것임이 밝혀졌지만 기존의 토광묘나 분구묘의 경우와 마찬가지로 백제의 규제 속에서 나타난 제한적인 발전이었다고 본다.

아홉째, 4세기 말~5세기 초 백제 한성기의 외곽지역에서는 횡혈식석실묘가 도입되기 시작하였는데 토광묘, 석곽묘 등 기존의 다른 무덤들과 공존하면서 군집되지 않고 금동제품, 마구, 도자기 등과 같은 위세품들이 출토되고 있다는 점에서 그 주인공은 각 지역 유력자들이었다고 할 수 있으며 이들이 그러한 위세품을 소유하게 된 배경은 사여와 같은 백제 중앙의 일방적이고 직접적인 역할이라기 보다는 현지 유력자들이 누리고 있었던 제한적이나마 상당한 수준의 자율성과 관련되었던 것이라고 본다.

열째, 이러한 상황은 백제의 웅진 천도 전후경에 정점에 달함으로써 일부지역에서는 일시적이나마 독자적 세력화를 꾀했을 가능성도 있다고 보는데 금동관이나 금동신발과 같은 최고 권위의 상징물을 향유하는 것은 바로 그러한 노력의 결과였다고 추정된다. 그러나 고고학적으로 보아 대부분의 지역에서 그러한 노력이 지속적으로 유지되지는 못하였던 것으로 판단된다. 5세기 말~6세기 초에 들어 그러한 유형의 석실묘들과 위신재들이 더 이상 나타나지 않고 있는데 이는 정치적으로 안정을 되찾은 백제의 강력한 규제가 뒤따랐기 때문일 것이다.

열한번째, 백제 한성기에 종지부를 찍고 웅진으로 천도한 세력은 한동안 현지 토착세력의 영향력으로 말미암아 그 위상이 크게 실추되었을 가능성이 높다. 이는 웅진기 백제 최고지배세력의 주묘제가 현지 토착세력의 석실묘라는 점을 통해 입증될 수 있다고 보며, 그 과정에서 석실묘를 쓰던 현지 토착세력이 최고지배세력으로 부상하였을 가능성도 배제할 수는 없다고 본다.

열두번째, 영산강유역권에서는 3세기대부터 본격적인 분구묘가 축조되기 시작하여 6세기 초까지 발전하다가 6세기 중엽경부터 백제의 석실묘가 파급되는데 이는 영산강유역권의 마지막 마한세력이 다른 지역과는 달리 6세기 초까지 나름대로 독자적인 세력을 유지하고 있었음을 말해준다. 영산강유역에서 5세기 후반~6세기 중엽까지 축조되었던 장고분(전방후원형고분)들은 그 피장자와 축조배경에 대한 논란이 남아 있지만 당시 이 지역이 백제와는 무관한 지역이었기 때문에 축조될 수 있었다.

열세번째, 위와 같은 한성 백제의 발전 과정을 종합하여 보면 백제는 3세기말, 4세기중엽, 6세기중엽 등 3차에 걸쳐 전통적인 마한 지역을 병합하였다고 판단된다. 이를 바탕으로 보면, 중국 『양서』에 전하는 521년 당시 백제의 지방조직인 22담로의 범위는 영산강유역권을 중심으로한 서남부지역이 제외된 범위였을 가능성이 높다.

열네번째, 백제는 37군이 시행되기 전 단계에 해당하는 6세기 초까지 22담로에 해당하는 충청권과 전북권에 대해 지배권을 행사하되 양서에 전하는 바와 같이 왕의 자제종족이 분담통치하였다고 하더라도 현지 유력자가 상당한 수준의 실권을 가진 상태에서 통치되었을 가능성이 높다고 판단된다.

결국 고고학적으로 본 백제의 마한 합병은 3세기말, 4세기중엽, 6세기 중엽 등 3차에 걸쳐 이루어졌을 가능성이 대단히 높다고 할 수 있으며 이 과정에서 병합지역의 마한세력 일부는 잔존 마한이나 일본으로 망명하였을 가능성이 높다.

일본에 들어간 비백제계 토기는 이중구연토기(2~3세기), 양이부호 (3~4세기), 조족문토기(4~5세기)로 대별되고, 가장 이른 시기에 해당하는 이중구연토기의 수량이 적다는 점이 지적된 바 있는데 그 이유는 백제 건국 이전까지 마한에 해당하는 영산강유역권 보다는 변한, 가야에 해당하는 낙동강유역권에서 일본과의 교류가 활발히 이루어졌기 때문이라고 판단된다.

그러나 3세기 중엽의 백제 건국 이후부터 마한과 일본과의 관계가 증대되면서 양이부호, 조족문토기, 분주토기의 순으로 일본에 파급되는데 이는 백제의 영역이 3차에 걸쳐 마한지역으로 확장되는 것과 정확하게 일치한다.

세 번째 확장에 해당하는 6세기 중엽경 이후 영산강유역권의 통A형,

호형의 분주토기를 조형으로 한 새로운 식륜이 일본에 등장한다는 견해는 영산강유역권의 마지막 마한이 백제에 병합됨에 따라 영산강유역권의 일부 주민들이 일본으로 망명하였음을 의미한다는 필자의 견해와 상통하는 것이다.

위와 같은 해석은 5~6세기대에 '백제-대가야-영산강유역-왜'로 이어지는 대고구려연합세력이 백제에 의해 만들어졌다는 견해와는 다른 것으로서, '백제-대화정권'의 교류망과는 구분되는 '영산강유역-북구주'의 교류망이 별도로 운영되고 있었음을 말해준다.

전형적인 백제토기는 5세기 후엽 이후에야 비로소 대화정권의 중심지역에서 출토되기 때문에 토기로 보는 한 3~5세기 동안 백제 중심지역과 대화정권 중심지역 사이에서 교류관계를 찾아보기 어렵고, 3~5세기에는 영산강유역과 북구주지역 사이에 문화적, 사회적, 정치적 관계가 밀접하였던 반면, 한성백제와 대화정권의 관계는 약했었다고 보는 견해는 이러한 면에서 타당한 견해로 평가된다.

이상 고고학 자료를 토대로 백제 영역의 변천 과정을 살펴보았는데 문헌자료를 토대로 한 고대사학계의 전통적인 견해와는 적지 않은 차이를 가지고 있는 만큼 문헌자료의 해석과 고고학자료의 해석에서 그와 같은 차이가 나타나는 배경을 이해하고 그 차이를 좁혀 나가는 것은 앞으로의 과제일 것이다.

참고문헌

강인구, 1994, 「주구토광묘에 관한 몇가지 문제」, 『정신문화연구』17-3.

강종원, 1998, 『4세기 백제 정치사 연구』, 충남대 박사학위논문.

강현숙, 2000, 『고구려 고분 연구』, 서울대 박사학위논문.

강현숙, 2001, 「한강유역 1~3세기대 묘제에 대한 일고찰」, 『동아시아 1~3세기의 주거와 고분』(문화재연구 국제학술대회 발표논문 10).

곽장근, 1999, 『호남동부지역의 석곽묘 연구』, 전북대 박사학위논문.

권오영, 1988, 「4세기 백제의 지방통제방식 일례」, 『한국사론』18, 서울대 국사학과.

김기섭, 1996, 『백제 한성시대 통치체제 연구』, 한국정신문화연구원 박사학위논문.

김낙중, 2000, 「5~6세기 영산강유역 정치체의 성격」, 『백제연구』32.

김두철, 2000, 「마구를 통해 본 가야와 백제」, 『제6회 가야사학술회의』, 김해시.

김성남, 2001, 「중부지방 3~4세기 고분군 세부편년」, 『백제연구』33.

김성남, 2003, 「신봉동고분군 축조 집단의 성격 시론」, 『호서고고학』8.

김영심, 2003, 「웅진 사비시기 백제의 영역」, 『고대 동아시아와 백제』, 충남대학교백제연구소.

김원용 · 이희준, 1987, 「서울 석촌동 3호분의 연대」, 『두계이병도박사 구순기념한국사학논총』.

김종만, 1999, 「마한권역 출토 양이부호 소고」, 『고고학지』10.

노중국, 1983, 「해씨와 부여씨의 왕실교체와 초기백제의 성장」, 『김철 준박사화갑기념사학논총』.

노중국, 1988, 『백제정치사연구』, 일조각.

문안식, 2000, 『백제의 영역확장과 변방세력의 추이』, 동국대학교 박사 학위논문.

박보현, 1999, 「은제관식으로 본 백제의 지방지배에 대한 몇가지 문 제」, 『과기고고연구』5.

박순발, 1998, 『백제 국가의 형성 연구』, 서울대학교 박사학위논문.

박순발, 2001, 「4~5세기 한국 고대사와 고고학의 몇가지 문제」, 『한국 고대사연구』24.

박중환, 1999, 「조족문토기고」, 『고고학지』10.

박찬규, 2001, 「백제의 마한사회 병합과정 연구」, 『국사관논총』95.

박천수, 1999, 「기대를 통하여 본 가야세력의 동향」, 『가야의 그릇받 침』(특별전도록), 국립김해박물관.

박현숙, 2005, 『백제의 중앙과 지방』, 주류성.

서현주, 2001, 「이중구연토기소고」, 『백제연구』33.

서현주, 2005, 「고배의 형성과 5~6세기 영산강유역권 고분」, 『백제연구』41.

성낙준, 1996, 「백제의 지방통치와 전남지방 고분의 상관성」, 『백제의 중앙과 지방』, 충남대백제연구소.

성정용, 1998, 「금강유역 4~5세기 분묘 및 토기의 양상과 변천」, 『백제연구』28

성정용, 2000, 『중서부 마한지역의 백제영역화과정 연구』, 서울대학교 박사학위논문.

우재병, 2000, 「영산강유역 전방후원분의 출현과 그 배경」, 『호서고고학』10.

이강승, 2000, 「분구묘에 대한 하나의 고찰」, 『호남고고학보』12.

이건무, 1992, 「한국의 청동기 문화」, 『특별전 한국의 청동기 문화』.

이기동, 1981, 「백제왕실의 교대론에 대하여」, 『백제연구』 12.

이기동, 1990, 「백제의 성장과 마한 병합」, 『백제논총』2, 백제문화개발연구원.

이남석, 1994, 『백제 석실분묘제의 연구』, 고려대학교 박사학위논문.

이남석, 1999, 「백제의 횡혈식석실분의 수용 양상에 대하여」, 『한국고대사연구』16.

이도학, 1995, 『백제고대국가연구』, 일지사.

이동희, 2004, 「전남 동부지역의 가야계 토기와 역사적 성격」, 『한국상고사학보』46.

이성주, 2000, 「분구묘의 인식」, 『한국상고사학보』32.

이영철, 2004, 「옹관고분사회 지역정치체의 구조와 변화」, 『호남고고학보』20.

이정호, 1997, 「영산강유역의 옹관묘」, 『호남고고학보』6.

이정호, 2002, 「5~6세기 영산강유역 고분의 성격」, 『고문화』59.

이종선, 1999, 「나주 반남면 금동관의 성격과 배경」, 『영산강유역의 고대사회』, 학연문화사.

이 훈, 2004, 「공주 수촌리유적의 연대와 성격」, 『백제사 연구 활성화 방안』(제3회 백제문화개발연구원학술회의).

이현혜, 1997, 「3세기 마한과 백제국」, 『백제의 중앙과 지방』, 충남대백제연구소.

임영진, 1987, 「석촌동일대 적석총계와 토광묘계 묘제의 성격」, 『삼불김원용교수정년퇴임기념논총 Ⅰ』.

임영진, 1995, 『백제한성시대고분연구』, 서울대학교 박사학위논문.

임영진, 1995, 「마한의 형성과 변천에 대한 고고학적 고찰」, 『삼한의 사회와 문화』(한국고대사연구 10).

임영진, 1996, 「백제초기 한성시대 토기연구」, 『호남고고학보』4.

임영진, 1997, 「영산강유역 이형분구고분 소고」, 『호남고고학보』5.

임영진, 1997, 「전남지역 석실봉토분의 백제 계통론 재고」, 『호남고고학보』6.

임영진, 2002, 「영산강유역권의 분구묘와 그 전개」, 『호남고고학보』16.

임영진, 2003, 「한국 분주토기의 기원과 변천」, 『호남고고학보』17.

임영진, 2003, 「적석총으로 본 백제 건국집단의 남하과정」, 『선사와 고대』19(신형식박사정년기념논총).

전영래, 1994, 「정읍 운학리 고분군」, 『전북유적조사보고(上)』.

조근우, 1996, 「전남지방의 석실분 연구」, 『한국상고사학보』21.

조영현, 1987, 「삼국시대 횡혈식석실분의 계보와 편년연구」, 충남대학교 석사학위논문.

조유전, 1991, 「송산리 방단계단형 무덤에 대하여」, 『백제문화』21.

조진선, 2005, 『세형동검문화의 연구』, 학연문화사.

천관우, 1989, 「삼한고」, 『고조선사·삼한사연구』, 일조각.

최몽룡, 1990, 「마한-목지국 연구의 제문제」, 『백제논총』2.

최병현, 1990, 『신라고분연구』, 숭실대 박사학위논문.

최성락, 2002, 「삼국의 성립과 발전기의 영산강유역」, 『한국상고사학보』37.

최완규, 1996, 「주구묘의 특징과 제문제」, 『고문화』49.

최완규, 1997, 『금강유역 백제고분 연구』, 숭실대 박사학위논문.

최인선, 2002, 「전남 동부지역 백제산성 연구」, 『문화사학』18.

함순섭, 1998, 「금강유역권의 마한에서 백제로의 전환」, 『3~5세기 금강유역의 고고학』(제22회 한국고고학 전국대회 발표요지).

국립중앙박물관, 1992, 『한국의 청동기문화』(도록).

국립중앙박물관, 1998, 『한국 고대국가의 형성』(도록).

충남대학교 백제연구소, 2000, 『韓國의 前方後圓墳』.

서울역사박물관, 2002, 『풍납토성』(도록).

林永珍, 2005, 「韓國長鼓墳の被葬者と築造背景」, 『考古學雜誌』89-1.

吉井秀夫, 2003, 「土器資料를 통해 본 3~5世紀 百濟와 倭의 交涉關係」
『漢城期 百濟의 物流 시스템과 對外交涉』, 한신대학교.

武末純一, 2002, 「日本 九州 및 近畿地域의 韓國系 遺物」, 『古代 東亞細亞
와 三韓·三國의 交涉』, 복천박물관.

田中俊明, 2000, 「榮山江流域에서의 前方後圓形古墳의 性格」, 『榮山江流
域 古代社會의 새로운 照明』, 歷史文化學會.

大竹弘之, 2002, 「韓國全羅南道の圓筒形土器」, 『前方後圓墳と古代日朝關
係』, 同成社.

東潮, 1995, 「榮山江流域と慕韓」, 『展望考古學』, 考古學研究會.

白井克也, 2001, 「百濟土器·馬韓土器と倭」, 『檢證 古代の河內と百濟』,
枚方市.

柳澤一男, 2001, 「全南地域の榮山江型横穴式石室の系譜と前方後圓墳」,
『朝鮮學報』179.

土生田純之, 1996, 「朝鮮半島の前方後圓墳」, 『專修大學人文科學年報』26,
專修大學人文科學研究所.

(발굴조사보고서 생략)